MADAME MALIBRAN.

MADAME MALIBRAN,

PAR

La comtesse Merlin.

TOME SECOND.

Bruxelles,

SOCIÉTÉ TYPOGRAPHIQUE BELGE.

AD. WAHLEN ET COMPAGNIE.

1838

XXXI

Le public de Naples accueillait toujours Maria
avec enthousiasme, lorsque le roi n'allait pas au
théâtre, et la dédommageait ainsi de la peine
qu'elle éprouvait à chanter souvent sans être
applaudie. La supériorité de son jeu, dans les
rôles dramatiques, excitait l'admiration générale, d'autant plus, qu'elle avait d'abord de-

buté par des opéras bouffes, où, par sa verve et sa gaieté, elle avait ravi le public.

Le 4 décembre, elle joua l'*Amelia*, opéra assez joli, de *mezzo carattere*, composé par Rossi, mais qui tomba complétement, car Maria, si supérieure en tout, eut la faiblesse de vouloir y danser la *Mazzourka*, et, comme je l'ai déjà dit, la danse ne lui allait pas. Mais l'*Inès de Castro*, de Persiani, jouée le 28 janvier 1835, ouvrage fait encore exprès pour elle, vint ajouter un joyau de plus à sa couronne.

Maria y fut sublime. Elle rendit avec une telle vérité les angoisses de la mort de la femme infortunée dont elle jouait le rôle, que les spectateurs, émus jusqu'aux sanglots, furent, pendant quelques instants, hors d'état de l'applaudir, ce qui était déjà arrivé à Bologne, dans la dernière scène des *Capuletti*. Mais à Naples, l'impression fut si vive, sur quelques femmes, qu'elles furent emportées évanouies. Maria fut puissamment secondée dans ce dernier opéra par *Duprez*.

Elle était à la veille de paraître dans le *Colo-nello* de Paccini, opéra dont les répétitions promettaient un brillant succès, lorsqu'un malheureux accident vint retarder pour elle ce nouveau triomphe......

Le dimanche gras, à la nuit tombante, après le combat *de confetti*, de la rue de Tolède, Maria allait dîner chez la marquise de Lagrange dans une calèche légère, au grand trot de deux petits chevaux jeunes et ardents ; elle était à la fin de la prolongation de la Villa-Reale, dans un endroit où les voitures, pressées par les réparations qu'on faisait sur le quai, avaient beaucoup de peine à fendre la foule, lorsqu'un porc qu'on égorgeait en pleine rue (1) à côté du bû-

(1) C'est l'habitude à Naples d'égorger les porcs dans les rues. On y rencontre cette espèce d'animaux courants sur le pavé comme des chiens, et souvent, quand ils sont

cher allumé qui devait le purifier, s'échappa des
mains de ses bourreaux, et après avoir traversé
à belles jambes, par-dessus les flammes, effrayé
par les cris furibonds des lazzaroni et des pê-
cheurs qui assistaient au sacrifice, vint se ruer
dans les pieds des chevaux qui conduisaient
notre artiste. Ils prirent aussitôt le mors aux
dents, et ne furent arrêtés qu'après avoir brisé
l'avant-train de la voiture.

Maria fut renversée, eut le coude et le poignet du bras droit foulés et resta évanouie sur
le pavé.

Par bonheur, il se trouva près d'elle le docteur H., médecin français, qui l'ayant relevée,
la porta dans ses bras jusqu'au cabaret qui se
trouve à côté de *Santa-Maria delle nuove*,
où il lui remit le poignet, et la fit transporter
chez madame de Lagrange. La douleur qu'elle

jeunes, portés dans les bras des femmes du peuple comme
des carlins favoris.

éprouva pendant cette opération fut très-vive, mais, au milieu de sa souffrance, elle ne s'ocpait que d'en épargner une à son ami : « Ne dites pas à Charlès combien je souffre », disait elle au docteur.

Le roi lui envoya, le lendemain, son médecin, mais elle refusa la saignée qu'ordonna celui-ci, et ne voulut se soumettre qu'à son docteur homéopathe ; le bras était fort enflé.

On fit un appareil de fer-blanc, pour le maintenir dans une position fixe, et, le lendemain de l'accident, elle joua *Inès de Castro* avec un courage et une adresse telle, que le public doutait de l'accident. Elle disait, quelques jours après, au célèbre tragédien anglais, *Young :* « Mon ami, ce malheur me rend service ; je vois à présent que je faisais trop de gestes et qu'à la scène, l'immobilité est souvent préférable. »

Quelqu'un lui reprochait un jour d'être souvent froide dans les premières scènes de ses rôles : « Vous n'y entendez rien. Les têtes du parterre me représentent une multitude de bougies éteintes, rangées dans un panier ; si on les aborde tout de suite, avec une masse de feu, les bougies se fondent. Si, au contraire, vous les allumez graduellement, vous obtenez une brillante illumination.... Moi, *j'allume* mon public petit à petit. »

XXXII

La société de Maria faisait le charme des
Français de distinction qui se trouvaient à Naples , et qui l'avaient, pour ainsi dire, adoptée.
L'amitié qu'ils lui témoignaient leur était rendue
sans réserve avec tout l'abandon et toute la
bonté de son cœur. Aussi ils l'accueillaient
parmi eux avec bonheur , car il était impossible

d'être plus aimable, plus gaie, plus folle; elle
animait le salon le plus triste, tantôt par ses
saillies originales, tantôt par sa voix divine,
qu'elle mêlait à des proverbes, ou à des chara-
des en action. M. de Louvois lui en fit plusieurs
très-spirituelles qu'elle jouait à ravir.

Elle fit ses adieux au public de Naples : hélas !
des adieux éternels ! dans la *Norma*, et partit
le mercredi des cendres. Sa sortie de la ville fut
une véritable marche triomphale.

Elle fut conduite jusqu'aux faubourgs par une
foule immense et au bruit des *rivat* et des
acclamations du peuple.

Sa voiture cassa à l'entrée d'Avezza, et comme
elle se trouva dans la nécessité d'y rester deux
heures, pour attendre qu'on la réparât, elle les
employa à parcourir la ville. L'objet le plus curieux à voir, étant un magnifique établissement
pour les aliénés, Maria eut le désir de le visiter,

et s'y rendit accompagnée de quelques amis qui
voyageaient avec elle.

Le directeur de l'hôpital, homme éclairé, lui
communiqua le système qu'il employait pour
adoucir le sort des infortunés qui lui étaient
confiés ; et parmi les principes qu'il avait adop-
tés, un des plus importants, était de leur
accorder tout ce qui pouvait contenter leurs
désirs.

«Auraient-ils envie de m'entendre chanter?»
dit Maria.

— « Nous avons ici un jeune homme, lui répondit le directeur, qui est fou d'amour pour la
reine. Il adore la musique, et peut-être, madame, les accents de votre voix produiraient
sur lui un effet salutaire.... mais je dois vous
prévenir qu'il ne peut voir une femme sans entrer en fureur!! »

— « Eh bien ! je suis un petit garçon. (Elle

était habillée en homme.) Je ne suis qu'un petit garçon ; ouvrez-moi...... » Et elle entra.

Le jeune homme la regarda et parut douloureusement affecté. Un piano se trouvait dans la salle. Le petit garçon prélude.... Puis chante la romance d'Othello.... Le jeune malade, tremblant, interdit, criait : Ah ! que c'est bien !.... Et son émotion ne faisant qu'accroître, oh ! que c'est bien !.... répétait-il encore..... Et pourtant ajoutait-il ensuite tristement...... c'est une femme !..... Enfin, d'abondantes larmes s'ouvrirent un passage, et le visage de l'infortuné en fut inondé..... Elle cessa. Le directeur s'applaudit de cet effet salutaire, et remercia Maria du bien qu'elle avait fait au pauvre jeune homme.

D'autres malades voulurent, à leur tour, chanter devant Maria.... Il est impossible de s'imaginer un aussi infernal charivari que, pourtant, Maria écouta avec une admirable pa-

tience. Après avoir donné plus d'une marque
de sa bienfaisance, émue et triste, elle sortit de
l'hôpital des fous et reprit la route de Rome.
Elle ne s'y arrêta pas, et continua sa marche
jusqu'à Venise, où elle allait remplir un engagement contracté avec le directeur Pallavicini,
qui devait lui payer quinze mille francs pour six
représentations au théâtre de la Fenice.

Elle donna alternativement *Otello, Ceneren-
tola* et la *Somnambule*. Là, comme dans le
reste de l'Italie, elle fut reçue avec des *vivat* et
des acclamations par ce peuple enthousiaste,
qui, toujours comprimé dans ses nobles élans,
débordait ainsi par la seule issue libre qui lui
reste, l'amour des arts.

Laissons à Maria, avec son style original et
ses folies, le soin de raconter sa première in-
stallation à Venise.

28 mars 1835.

« Cher et bon P. L., ne nous grondez pas :

» ne nous croyez pas capables d'oubli envers
» vous. Le diable, ou plutôt l'empereur,....
» (que Dieu tienne en sa sainte et digne garde!)
» nous a bouleversés; car nous avons été de
» courrier en estafette, jusqu'à ce que la fa-
» meuse décision nous a permis d'aller le 24 en
» scène. De suite nous avons pris la route de
» Venise. Vous décrire l'enthousiasme qui m'a
» précédée, serait long à raconter.

» Je veux cependant vous mettre au fait d'un
» incident qui est arrivé avant que nous fus-
» sions ici. — Vous savez qu'on joue à la lote-
» rie à Venise, autant qu'à Naples, pour le
» moins. Eh bien! mon cher papa, les gens de
» la basse classe se sont amusés à jouer : —
10, *la chanteuse*, — 17, le jour où on a an-
» noncé mon début, — 24, le jour de mon dé-
» but, — et 6, les six représentations que je
» devais faire...... Croiriez-vous que les *quatre*
» *numéros* sont sortis, et que le moindre a
» gagné neuf cents livres autrichiennes!

» Ils ont donc dit (les Vénitiens) que j'étais de
» *bon augure*, et par conséquent ils me sui-
» vent comme font les petits chiens, les mâtins,
» carlins, lévriers, toutous et autres bipèdes,....
» autant le peuple que la haute et *basse cour :*
» heureusement que les cochons n'ont pas ici
» leur franc-parler comme à Naples : on a fait
» des lithographies de moi, de ma chute, de
» mon départ de Naples et de mon arrivée à
» Venise.

» J'ai introduit ici une nouveauté qui fera
» époque dans mes *fastes.* J'ai fait un coup
» d'État. J'ai révolutionné les reflets du *canal*
» et des *canots.* J'ai une gondole que j'ai fait
» faire : grise à l'extérieur, avec les boules et
» boutons d'or et soie; les matelots, en jaquette
» écarlate, chapeau de paille jaune et rubans de
» velours noir autour; pantalon de drap gros-
» bleu, avec des lisières sur les côtés, à la *pair*
» *de France*, seulement en rouge; les man-
» ches et collet en velours noir. Intérieur écar-

» late et rideaux bleus..... De sorte que lorsque
» je passe, on sait que c'est moi.

» Le fait est que je n'aurais jamais pu me dé-
» cider à m'enterrer, toute vivante, dans ces
» gondoles noires en dedans et en-dehors.

» Je n'ai pu débuter que le 26 au lieu du 24,
» à cause d'une fête qu'on respecte ici. Je ne
» vous dirai pas l'enthousiasme que j'ai eu le
» bonheur de leur procurer. Hier, j'ai donné la
» deuxième représentation d'*Otello*. Qu'il vous
» suffise de savoir (1)..... Ceci est à la lettre.
» Charles l'a vu de ses propres yeux, avec
» Péant, mon avocat, qui se sont amusés à le
» suivre pour voir l'issue de son enchante-
» ment, etc., etc...... Adieu. »

(1) L'incident n'est pas de nature à être cité.

XXXIII

Aux répétitions, Maria s'amusait, tout en fredonnant son rôle, à dessiner des portraits ou des caricatures très-ressemblantes, des personnes qui l'entouraient. Elle dessinait souvent aussi des paysages charmants qu'elle imaginait là sur la scène, et tout cela, au milieu du tapage des machinistes, de l'orchestre et des phrases musicales interrompues et reprises à chaque instant.

M. de Louvois arriva de Florence à Venise, au moment où Maria était à la répétition de *Norma*. Il alla la voir au théâtre. Parmi les quelques instants de conversation qu'il eut avec elle, toujours interrompus par le coup d'archet, M. de Louvois lui fit le reproche d'avoir oublié de faire une romance dont elle lui avait demandé les paroles....

— « C'est vrai, mais attendez, » lui dit Maria, et se baissant vers le chef d'orchestre, « donnez-moi une feuille de papier de musique et un crayon; » et, tout en continuant son rôle de *Norma*, elle composa sa romance et nota l'accompagnement.

Pendant son séjour à Venise, la foule se précipitait partout où elle était, partout où elle espérait la trouver.

Si Maria s'arrêtait dans quelque magasin sur la place Saint-Marc , les curieux se pressaient tellement, que plus d'une fois les gardes furent obligés d'intervenir pour rétablir la circulation. Lorsqu'elle sortait dans sa gondole qui , comme on vient de le voir, se distinguait des autres par sa couleur, elle était aussitôt reconnue et suivie d'une multitude d'autres gondoles qui lui formaient une sorte de cortége. La multitude qui garnissait le rivage quand elle débarquait, semblait attendre l'arrivée d'un souverain.

Un soir après minuit, le temps était chaud, le ciel bleu, et la lune balançant son reflet sur le vieux canal , invitait par sa vague lumière à cette rêverie sans fin , doux songe de la vie qui, comme l'amour heureux, nous plonge dans une enivrante et voluptueuse mélancolie.

— Maria venait de jouer la *Somnambule* et, lasse de gloire, elle se reposait sur son balcon, en face de ces imposants et tristes palais. en face du firmament, humant l'air de la nuit et fredonnant encore, par habitude, une partie de son rôle. Bientôt elle entend le bruit léger d'une gondole qui s'approchait de son balcon.

Maria se tait, et la barque s'arrête au-dessous d'elle. Un instant après, le gondolier qui la conduit fait entendre sa voix à son tour et chante une barcarolle dont les paroles étaient insultantes pour Maria. — La nuit était avancée.

Après le premier couplet le chant cessa, et le silence se rétablit de nouveau; mais le chanteur hargneux et sans pitié ne tarda pas à recommencer, faisant succéder à chaque couplet une pose solennelle et presque effrayante pour Maria, à une telle heure, et en face d'un tel personnage. Néanmoins elle resta appuyée sur son balcon, écouta patiemment jusqu'à la fin les injures qu'on lui adressait, et ensuite, répondant sur le même ton, elle improvisa le même nombre de couplets, en priant son adversaire d'accepter les pièces de monnaie qu'elle lui lançait à chaque strophe. Elle avait soin de les envelopper dans des morceaux de papier allumé, afin qu'il ne les perdit pas dans l'obscurité.

L'homme se tut, ramassa, à mesure, l'argent, et reprenant ses rames, fendit le canal, et s'éloigna.

Le 6 mars, fut enfin déclarée, par le tribunal de première instance de Paris, la nullité du mariage de Maria avec M. Malibran. Après avoir reconnu sa compétence, à cause du domicile autorisé par le roi, de M. Malibran en France, voilà dans quels termes le tribunal prononça son jugement :

« Attendu que lorsqu'il s'agit de prononcer sur la vali-
» dité d'un mariage entre étranger, ce ne sont point les
» lois françaises qui doivent être appliquées, mais bien
» les statuts personnels qui doivent régir les parties con-
» tractantes ;
» Attendu qu'à l'époque du mariage célébré devant le
» consul français à New-York, entre la demoiselle Garcia
» et Malibran, le 23 mars 1826, cette demoiselle, née à
» Paris d'un père espagnol qui n'était pas naturalisé Fran-

» çais, étant née espagnole , et que Malibran était citoyen
» des États-Unis d'Amérique, en vertu des lettres de na-
» turalisation qui lui avaient été accordées à New-York
» la 31 mars 1818 ;

» Attendu qu'il résulte des documents qui ont été pro-
» duits dans la cause, que d'après la loi américaine
» comme d'après la loi espagnole, un mariage contracté
» en Amérique entre une espagnole et un Américain, de-
» vant le consul d'une autre nation, est radicalement
» nul, en raison de l'incompétence de l'officier devant
» lequel il a été célébré, que cette nullité absolue et d'or-
» dre public peut être proposée par les contractants eux-
» mêmes ;

» Par ces motifs, le tribunal déclare nul et de nul effet
» le mariage contracté le 23 mars 1826, à New-York, entre
» Marie Félicité Garcia, née à Paris le 24 mars 1808, et
» François-Eugène-Louis Malibran, né à Paris le 14 no-
» vembre 1781, devant Charles de Peuville, consul de
» France à New-York, y remplissant les fonctions attri-
» buées à l'officier public chargé de constater l'état civil
» de France. Autorise en conséquence la démoiselle
» Garcia à faire mentionner le présent jugement en
» marge de tous actes et de tous registres ou aura été
» inscrit son mariage. — Condamne M. Malibran aux dé-
» pens, etc. »

Maria reçut la nouvelle du gain de son procès
à Venise ; et dès ce moment sa conscience et
son cœur furent en repos.

XXXIV

.

Maria avait fini son engagement à la Fenice ;
mais avant de quitter Venise, elle apprit qu'un
sieur Gallo, propriétaire d'un théâtre de second
ordre, et père de famille, était à la veille de
faire banqueroute. Aussitôt elle forma le projet
de venir à son secours, au moyen d'une représentation extraordinaire à son profit, et se mit

en devoir de l'organiser ; mais les acteurs et l'orchestre étaient pitoyables.

Cependant Maria ne se décourageait pas : elle passait une partie de la journée à faire répéter, dirigeait elle-même l'orchestre et la mise en scène, enseignait son rôle à l'un, indiquait l'action à l'autre, et finissait par quitter le théâtre dans un état de fièvre et d'impatience impossible à exprimer.

Pourtant le jour de la représentation fut fixé : et le public de Venise, qui n'espérait plus revoir la *diva cantratice*, apprit avec une joie délirante, qu'elle allait encore se faire entendre dans le rôle de la *Somnambule*. Dès le matin, le peuple se porta en foule vers le théâtre. Il n'était question, dans les rues, que de la charmante artiste, de sa générosité, l'enthousiasme, l'impatience de voir arriver l'heure de pénétrer au théâtre était à son comble.

Enfin, les portes s'ouvrent, et le peuple,

comme un fleuve qui déborde, se répand dans l'intérieur. Loges, parterre, balcon orchestre, tout fut envahi dans un instant. Tous les visages étaient épanouis, tous les yeux, par l'éclat du regard, exprimaient l'attente d'un vif plaisir.

Bientôt les trépignements redoublés annoncent l'impatience des spectateurs. La toile se lève; mais à peine le ténor chargé du rôle d'Elvino se trouve-t-il en face de Maria pour chanter le duo *Son geloso del Zefiro errante* qu'un tremblement subit le saisit, et il oublie complétement sa partie; les murmures et les plaisanteries allaient déjà éclater dans le parterre, lorsque Maria, sans se déconcerter, dit à voix basse au ténor

« Sois tranquille, je vais t'aider. »

Et s'emparant de la partie qu'il devait dire, elle l'identifie si bien à la sienne, faisant les

passages de l'une et de l'autre alternativement,
que le duo devint une sorte d'air très-habilement
arrangé, et que le ténor, ayant eu le temps de se
rassurer peu à peu, reprit à la fin sa partie dans
l'ensemble.

Le public, étonné, charmé de tant de talent
et de tant de grâce, applaudissait Maria avec
transport. Le trait, l'inflexion de la voix, l'intention, tout était saisi, compris. C'était un feu
roulant de cris, d'acclamations ; on pleurait, on
hurlait de plaisir.

Une flamme brûlante circulait dans les veines
des spectateurs, et semblait se communiquer de
l'un à l'autre, comme le fluide électrique par-
court les tours sinueux d'une bobine de fil de fer.

Lorsque Maria arriva à son dernier air, tout
le parterre monta sur les banquettes, et déployant
les mouchoirs au bout des cannes, lui forma
une sorte d'auréole triomphale. On aurait dit

que se constituant souverain par sa propre puissance, il la proclamait la reine de l'art.....

Aussitôt des bouquets, des couronnes, sont
lancés à l'envi aux pieds de Maria; une pluie de
feuilles d'or et d'argent, comme de scintillants
phosphores, la couvre de toutes parts; les vers,
les roses, arrivent à leur tour; et lorsqu'émue,
palpitante, les yeux brillants de larmes de plaisir, elle lève la tête pour remercier le public,
deux colombes blanches s'abaissent sur elle, et,
voltigeant sur son front, semblent lui annoncer
son diplôme de reine.

Le peuple en foule attendait Maria à la sortie
du théâtre, avec des torches allumées, pour l'accompagner chez elle : mais fatiguée, intimidée,
elle n'ose pas sortir, et attend : les cris, le délire augmentent, et sa crainte aussi : il faut prendre un parti, et Maria se décide à monter dans
une autre gondole que la sienne, le cortége
ayant reconnu celle-ci à cause de sa couleur, et
se trouvant posté autour d'elle.

Pendant que le tumulte régnait de ce côté, Maria voguait tranquille et solitaire sur le canal, mais à peine la gondole qui l'emmenait avait-elle glissé sous le pont de Rialto, que le peuple s'étant aperçu de la supercherie, se mit en devoir de la suivre, lui formant ainsi sur les deux rivages un cortége brillant de torches et de fanaux, dont le reflet vacillant se répétait dans l'eau.

Lorsqu'elle arriva à l'embarcadero, elle l e trouva déjà couvert de monde : elle fut portée plutôt que conduite dans sa maison; le schall et le mouchoir qu'elle portait furent coupés en mille parcelles, et partagés entre les gens du peuple qui la suivaient.

Un instant après sa rentrée chez elle et à peine commençait-elle à se calmer, qu'il lui arriva une députation des mariniers habillés en gala, la veste blanche, le chapeau de paille et la ceinture écarlate. Le plus lettré prit la parole, et la

supplia avec des expressions simples et naï-
ves, de vouloir bien appliquer ses lèvres sur
une coupe dorée qu'il lui présenta ; Maria
se rendit à sa prière, et se mettant ensuite au
balcon avec ses amis , aperçut au-dessous
d'elle le corps des mariniers placé en ordre dans
toute la longueur du quai.

Leurs visages mâles et prononcés, éclairés
par la lumière rougeâtre des fanaux qu'ils por-
taient, ressortaient dans l'obscurité de la nuit,
et la teinte chaude et vive qui les inondait,
contrastait avec la douce clarté de la lune qui se
répandait du côte opposé sur les murs de marbre
du palais Barberini....

Bientôt, les mariniers députés arrivèrent auprès de leurs camarades, et leur chef, d'un air
solennel, promena la coupe parmi eux. Chacun
y toucha de ses lèvres.... et on assure qu'après
la dernière libation, il restait encore du vin
dans la coupe.

Pour tirer d'affaire le sieur Gallo, il fallait quatorze mille francs; le produit de la représentation avait été de dix mille cinq cents; Maria ajouta le reste et le sauva de sa ruine. Depuis lors, le théâtre du sieur Gallo prit le nom de théâtre Malibran.

La publicité de ce bienfait causait un certain malaise à Maria, mais il était de nature à ne pas rester ignoré. Elle quitta Venise comblée d'honneurs et accompagnée de regrets... Hélas! elle ne devait plus y reparaître!

La ville à son départ, lui fit présent d'un diadème..... Ainsi rendaient honneur à l'art ces Italiens si impressionnables, si passionnés, libres, un seul moment, de témoigner leur joie, et portant là toute l'énergie qu'on leur défend de porter ailleurs.

XXXV

Maria n'était pas insensible à tant d'admiration ; mais elle en jouissait sans orgueil, et avec une joie enfantine qui rejaillissait sur tout ce qui l'entourait. Elle n'était jamais si bonne que le jour où elle avait été applaudie et demandée plusieurs fois par le public ; lorsqu'on la louait de sa bienfaisance, de ses qualités, elle

disait que si elle avait quelque chose de bon,
elle le tenait de l'amour, et que son ami lui avait
donné l'amour du bien.

« Les rudes épreuves que j'ai endurées dans
mon enfance, ajoutait-elle, et les contrariétés
de ma première jeunesse m'avaient aigrie; mais
le bonheur m'a rendue meilleure. »

Maria, après avoir pris quelques jours de
repos à Bruxelles, partit pour Londres, où elle
arriva à la fin d'avril. Elle s'était engagée avec
le directeur Bruun, pour donner au théâtre de
Drury-Lane trente représentations, du 1ᵉʳ mai
au 50 juillet, au prix de 5,775 *livres ster-
ling* (1). Elle reparut dans la *Somnambule*, en
anglais, joua quelques jours après, *Fidelio*, et
plus tard, *Devil's bridge*.

Ses succès, dans *Fidelio*, furent prodigieux,

____

(1) Près de cent mille francs.

et le public anglais dont l'enthousiasme se ma-
nifeste rarement en dehors, l'applaudissait tous
les soirs avec transport, et lui faisait répéter
chaque fois l'air final du deuxième acte. Sa vie
fut aussi agitée cette année à Londres, que les
années précédentes. Voici ce que Bériot écrivait
à un de ses amis :

Londres, 14 mai 1835.

« L'affaire de Lucques est encore en suspens ;
» notre impressario n'a pas encore pu obtenir
» du gouvernement la dot qu'il voulait, et il se
» pourrait bien que nous n'allassions pas à
» Lucques. Cela retarderait notre départ pour
» l'Italie d'un mois, et nous permettrait de re-
» nouveler l'engagement de Covent-Garden,
» pendant le mois de juillet.

» La saison de Londres est magnifique cette
» année, jamais il n'y a eu autant de concerts.
» Les théâtres font fortune, surtout le théâtre

» Anglais qui est toujours rempli, lorsqu'on
» joue la *Somnambule;* Maria se porte bien,
» malgré le travail inoui qu'elle endure.

» Voici son programme trois ou quatre jours
» par semaine : répétition le matin à dix
» heures, après une bonne heure de travail au
» piano. Concert, d'une heure à quatre. Opéra,
» de sept à dix. Ensuite, un ou deux concerts
» particuliers pour finir la soirée : et la pauvre
» Maria ne rentre guère, pour se reposer, qu'à
» la pointe du jour.

» Voilà l'existence qu'elle mène à Londres; et
» cela tout à fait contre mon gré, car je m'op-
» pose de tout mon pouvoir à ce qu'elle accepte
» des concerts après son théâtre, et j'en refuse
» une grande partie, à son insu, car, vous con-
» naissez cette petite tête espagnole, elle se tue-
» rait si on la laissait faire.

» Heureusement que la plus grande besogne

» est faite. Elle joua hier, pour la première fois,
» *Fidelio* en anglais, avec un immense succès.
» On lui a fait répéter la scène finale. La Grisi a
» aussi beaucoup de succès, dans les *Puritains.*
» Elle s'entend à merveille avec Mafia et chante
» souvent avec elle des duos, dans les concerts
» particuliers.

» Depuis l'époque où la Sontag était au théâ-
» tre, on n'a entendu des duos de deux femmes
» aussi parfaits. Elles doivent chanter un duo
» de *Sémiramide* ensemble dans mon con-
» cert qui aura lieu le 29 juin, et comme c'est
» la première fois qu'elles paraîtront ensemble
» en public, j'ai eu soin d'annoncer ce duo,
» avec une affiche longue de trois aunes et des
» caractères d'un pied. Je compte sur une
» chambrée complète.

» On nous écrit de Paris que nous serons
» obligés d'attendre, pour nous marier, les dix
» mois prescrits aux veuves par la loi. Cela nous

» contrarie beaucoup ; mais, à supposer que
» nous puissions lever cet obstacle, il resterait
» toujours celui du domicile que nous n'avons,
» ni l'un ni l'autre, à Paris, où il est nécessaire
» que la cérémonie se fasse, le jugement ayant
» été rendu par les lois françaises, etc. »

A peine Maria finit-elle la saison théâtrale de
Londres, qu'elle vola de nouveau en Italie, à la
fin de juillet, pour remplir un autre engagement qu'elle avait contracté avec le directeur
Azzolini, à Lucques ; mais, après tant de fatigue, elle arriva au moment où le choléra éten-
dait déjà ses ravages sur une grande partie de la
haute Italie.

Malgré la crainte et l'inquiétude dont les
Lucquois étaient saisis, ils retrouvèrent toute
leur joie en entendant de nouveau les divins accents de Maria : elle fut encore destinée, comme
un génie bienfaisant, à calmer les angoisses de
la peur, et à dissiper au moins pour un moment
la terreur de la mort.

A sa dernière représentation, l'impression qu'elle produisit sur le public fut telle, qu'après avoir couvert la scène de fleurs et fait voler une pluie de vers écrits sur les plus beaux papiers de couleur, les jeunes gens de la société dételèrent les chevaux de sa voiture et la traînèrent jusqu'à son habitation.

Pendant cette marche triomphale, son écharpe, ses gants, les fleurs qu'elle portait lui furent enlevés et partagés parmi cette jeunesse délirante. L'entrée de la maison qu'elle habitait était encombrée de personnages de distinction qui venaient lui faire leurs adieux.

A peine fut-elle chez elle, que le peuple, impatient et avide de la voir, fit retentir l'air d'acclamations. Elle parut alors à la fenêtre et, attendrie jusqu'aux larmes, elle adressa à la foule ses vœux et ses adieux... la musique militaire, les cris, les vivat remplissaient l'air...

La destinée de notre grande artiste semblait

s'accomplir... car ses adieux étaient les derniers !... Comme un ballon lumineux lancé dans
une nuit obscure et poussé par un vent impétueux monte toujours, et lorsque arrivé aux régions éthérées, s'efface aux yeux des mortels,
Maria, à son apogée, fit ses adieux aux villes
d'Italie l'une après l'autre, laissant aux larmes
de la renommée le soin de les instruire du lieu
de sa chute et de sa mort.

XXXVI

La veille du jour où elle se disposait à partir
de Lucques, les rigueurs sanitaires furent éta-
blies partout, le choléra s'étant déclaré à Li-
vourne.

Voici ce qu'elle écrivait avant de quitter Lucques, à M. le marquis de Louvois :

2 septembre 1835.

...... « Venez vite à Milan, car nous nous
» sauvons tous d'ici, non pas du choléra posi-
» tif, mais d'une belle perspective de cette char-
» mante maladie qui a fait prendre tant de pré-
» cautions, qui a fait tendre tant de cordons,
» et qui, par conséquent, a ruiné mon pauvre
» *impressario. Non dico niente* de nous; baste,
» il ne faut pas y penser. Le duc a quitté bra-
» vement Lucques.

» La pieuse D. en a fait autant, sans laisser
» aucune disposition ni fonds pour ses pauvres
» gens, en cas de maladie *cholérique. — Ainsi
» soit-il.* — Sainement on se conserve pour
» l'amour de Dieu et de son confesseur, et puis
» de peur du proverbe qui dit : qui trop em-
» brasse mal étreint..... j'en reste là, et vogue
» la misère. Il paraît que mon duc V... i a une
» peur affreuse du choléra, et qu'il aimerait
» mieux ne m'avoir pas engagée.

» Pourtant on dit que je suis attendue à Milan
» avec *dévotion*, étant persuadés (les Milanais)
» que mon apparition *camphorisera* les parti-
» sants et propagateurs du choléra. Moi je n'en
» ai pas peur ; je ne tremble qu'à l'idée ef-
» frayante de chanter pour les banquettes....
» Oh ! que c'est em......

» Il n'y a qu'un moyen, c'est de donner beau-
» coup de fêtes, de se distraire, de rire, de
» manger homœopathiquement; pour le reste,
» il faut se confier à la Providence.

» J'espère que madame la marquise jouit
» d'une bonne santé : elle a été si parfaite pour
» moi que je ne pourrai oublier jamais ses
» bontés. Je suis dans une bien triste disposi-
» tion d'esprit, car tout le monde ne parle que
» de mort, maladie, choléra, le diable, l'enfer
» et le purgatoire dans lequel je suis jusqu'au
» cou; ainsi, je ne veux plus vous ennuyer
» de mes jérémiades, et vous quitte en me

» souhaitant le plaisir de vous voir bientôt à
» Milan.

» Adieu. — Adieu. — A propos, écrivez à ce
» bon M. que je ne l'ai pas oublié. Vous devez
» avoir reçu une lettre que je vous ai écrite à
» peine arrivée à Lucques, dans laquelle je
» vous mande que nous avions passé un jour
» chez cette charmante marquise de Lagrange,
» et que nous avons beaucoup parlé de vous. —
» Adieu, bien sincèrement je vous embrasse. »

Les rigueurs des mesures sanitaires causèrent
à Maria de grands embarras. Son engagement
de Milan l'obligeait à y être les premiers jours
du mois de septembre et le mois d'août allait
expirer.....

Que faire? Les routes de Modène et de Florence étaient interceptées; le fléau marchait à
grands pas et pouvait l'atteindre en route; mais
Maria ne cédait jamais aux obstacles, et sachant

qu'il n'y avait qu'une seule issue ouverte pour sortir de Lucques, sans s'arrêter aux dangers qu'elle pouvait offrir, elle se détermina à tout affronter plutôt que de manquer à son engagement.

Le lendemain, elle partit par la route de Carrare et Lavenza ; mais à peine avait-elle fait quelques lieues qu'elle fut arrêtée par des mesures imprévues de quarantaine. Alors elle se décida à tenter le passage des montagnes de Carrare, route pratiquée seulement par les pâtres et les muletiers, sentier étroit et dangereux par lequel il n'était jamais passé de voitures ; aucune considération n'arrêta notre intrépide voyageuse. Elle partit suivie de quelques personnes qui l'accompagnaient, et qui occupaient une seconde voiture, décidés qu'ils étaient à affronter tous les dangers, toutes les fatigues d'une telle route.

On ne saurait se faire une idée des obstacles

qu'ils eurent à surmonter. Le chemin était impraticable; on trouvait des précipices, des ravins à chaque pas. Les montagnards qui n'avaient jamais vu de machines à roues, restaient ébahis à l'approche de ces étranges échafaudages. Tantôt la caravane se trouvait dans des villages dont les petites rues étaient si tortueuses , qu'on était obligé de dételer les quatre paires de bœufs qui traînaient les voitures et de diriger celles-ci sur les trains de derrière, en élevant en l'air les roues de devaut et le timon. Ailleurs, se présentaient des gradins sur les rues qui obstruaient complétement le passage; il fallait les abattre, indemniser les propriétaires, et, après avoir franchi le chemin, les reconstruire.

Plus loin, le sentier devenait si étroit sur le penchant d'un abîme, qu'il fallait faire avancer les voitures sur leurs roues d'un côté, tandis que les roues du côté opposé, débordant sur le précipice, ne pouvaient être soutenues qu'à l'aide de cordes confiées aux trente ouvriers payés pour accompagner les voyageurs et leur ouvrir le chemin.

Au milieu de tous ces dangers, Maria suivait ou précédait gaiement à cheval, insouciante, méprisant tous les obstacles qui s'opposaient à sa marche, et riant des craintes et du découragement de ses compagnons de voyage. Il est vrai qu'elle portait en elle-même le moyen d'aplanir les difficultés et d'adoucir toute sorte d'aspérités : par exemple, arrivait-elle à un poste de douanes; au lieu de la tracasser par des visites et des retards, les douaniers la priaient de chanter, et à ce prix, elle en était aussitôt quitte.

Traversait-elle un pauvre village, un hameau, elle trouvait le moyen d'y répandre quelques aumônes ou d'accorder quelque bienfait ; et les pauvres habitants des montagnes, de la croire une princesse, persuadés qu'ils étaient

qu'on voulait les mystifier, lorsqu'on leur as-
surait que c'était une simple artiste. « Ces imbé-
ciles, disaient-ils dans leur dépit, qui veulent
nous faire croire qu'une si noble dame est une
cantatrice!!!..... »

En passant par Carrare, elle fut arrêtée en
route par un artiste, qui la supplia de le laisser
ébaucher son buste. Maria descendit de son
cheval, posa une demi-heure et repartit.

A quelque distance de la ville, un des muletiers qui la suivaient fut jeté à terre par sa mule
et se blessa grièvement. Maria le fait relever,
le panse elle-même, et comme le malheureux
paraissait craindre de remonter sur l'animal
rétif, « Eh bien, lui dit-elle, sois tranquille,
voici mon cheval, et donne-moi ta mule ».
Aussitôt, elle change de monture, saute sur
la mule, et d'une main habille la dompte et la
conduit.

XXXVII

Après que la persévérance de Maria eut aplani tous les obstacles qu'offrait un voyage aussi hasardeux, d'autres plus grandes difficultés vinrent se présenter encore; ce n'était plus avec la nature qu'il fallait lutter, mais avec des hommes que la peur du choléra rendait intraitables.

Nos voyageurs ne pouvaient faire un pas sans être repoussés comme pestiférés ; à l'entrée de chaque village, ils étaient arrêtés, et là, on les soumettait aux précautions les plus minutieuses. Après avoir examiné scrupuleusement leurs certificats sanitaires, on leur permettait de traverser, à condition de ne pas s'arrêter.

Ainsi, ils ne trouvaient pas un lieu de repos, et se voyaient réduits, la plupart du temps, à camper sur les chemins, ou à profiter de greniers malpropres habités par les rats, qui, plus hospitaliers et moins peureux que les hommes, leur cédaient la place pour la nuit.

Souvent, des autorités plus ignorantes, ou plus effrayées, refusaient à nos voyageurs le visa de leurs certificats, et il fallait toute l'éloquence de la voix de Maria pour l'obtenir, mais toujours sous la condition de se maintenir à distance. On leur prenait et rendait les certificats sanitaires à l'aide d'un intermédiaire.

précaution dont on usait également pour leur
faire parvenir des vivres. Ils passaient ensuite
la nuit dans leurs voitures , et le lendemain ils
se remettaient en route.

Toutes ces contrariétés , toutes ces pénibles
épreuves n'altéraient jamais la bonne humeur
et la sérénité de Maria, qui, toujours courageuse et endurante, excitait l'admiration et
faisait le charme de ses amis.

Mais bientôt elle trouva une douce compensation à tant de peines, dans l'accueil qui l'attendait à Milan.

Voici son engagement avec le duc Visconti :

Quatre cent vingt mille francs , logement dans
son palais, équipage, table, pour cent quatre-vingts
représentations distribuées en cinq saisons :
Automne, 1855.
Carnaval , à commencer le 10 décembre , jusqu'au
10 mars 1856.

Automne, 1856.

Carnaval. jusqu'au mois de mars 1857.

Automne, 1857.

Deux termes seuls de ces engagements furent accomplis..... Dans le courant de cette dernière saison, elle joua de nouveau à la Scala, *Otello*, *i Capuletti*, la *Somnambule* et *Giovanna Grey*, del maestro Vaccai, toujours avec le même succès. La *Maria-Stuarda* de Donizetti, ouvrage fait exprès pour elle, fut exécutée admirablement par Maria. Mais on retira bientôt cet opéra du répertoire, à cause des allusions politiques qu'il contenait et qu'elle rendait avec une énergie terrible.

A Milan, notre artiste fut reçue avec distinction et empressement par la haute société.

Elle était invitée à toutes les fêtes, à tous les bals : on l'aimait, on la recherchait. Elle faisait les délices de tous les salons, où on la recevait,

autant par son talent que par la bonté et l'originalité de son caractère.

Le jour où elle fit ses adieux au public milanais, elle fut comblée d'honneurs et de ces
marques de distinction dont les traces restent
dans l'avenir : on aurait dit qu'elles étaient
dictées par le pressentiment d'un dernier adieu.
Le peuple la reconduisit avec des torches allumées jusqu'au palais Visconti, qu'elle habitait.
Là, les jardins étaient illuminés pour la recevoir, et la musique militaire postée sur le canal,
à son approche, fit retentir de brillantes mélo-
dies. Le lendemain, on répandit dans Milan
un grand nombre de médailles d'or, d'argent
et de bronze, frappées en honneur de la célèbre
artiste.

Elle quitta l'Italie et arriva à Paris dans les
derniers jours du mois de mars. Tout y était
préparé pour son mariage. La joie, le bonheur
de Maria, dans cette circonstance, avait quelque chose de naïf et de profond à la fois.

La position fausse où elle s'était trouvée depuis plusieurs années avait toujours pesé secrètement sur son cœur, et il était aisé de s'apercevoir, à ses transports, à son impatience, combien elle avait besoin d'être la femme de Bériot, pour calmer sa conscience, et combien aussi son amour pour lui avait conservé toute la force et toute l'ardeur des premières impressions.

Le mariage eut lieu le 29 mars, en présence de quelques-uns de leurs amis intimes. Le marquis de Louvois et M. Pérignon en furent les témoins. Le soir, on se rassembla dans le petit appartement que Maria occupait provisoirement chez Troupenas (1). Jamais réunion musicale ne fut plus solennelle, plus ravissante. Maria, Talberg, Rossini et Bériot en firent seuls les honneurs; le bonheur ajoutait un charme de plus aux célestes inspirations de Maria qui,

(1) Éditeur de musique, ami intime de Maria.

tantôt surprise, émue, en entendant pour la première fois Talberg, faisait des prodiges de sa voix, et qui tantôt entraînée par la joie que lui causait son mariage, s'abandonnait à toutes ses folles gaietés d'enfant.

Elle chanta et joua plusieurs scènes de la *Somnambule* et de *Norma*; mais, au moment le plus pathétique, où les larmes et les fureurs jalouses de Norma se faisaient jour tour à tour.... elle s'arrêta... « Mon Dieu ! mon Dieu! dit-elle avec impatience, je ne puis pas faire comme je veux..., il me faudrait mes enfants, mon perfide Romain, là, autour de moi enfin, toute ma famille pour que je fusse parfaitement naturelle dans mon jeu !...

Le soir de son mariage, elle fit distribuer 1000 francs aux pauvres.

XXXVIII

Maria resta très-peu de jours à Paris, mais, avant de partir pour Bruxelles, elle assista à plusieurs représentations dans différents théâtres. Bouffé lui fit une profonde impression dans le *Gamin de Paris*; son jeu naturel et touchant attendrit plus d'une fois Maria, si impressionnable à tout ce qui est beau et vrai.

A peine la toile fut baissée , qu'elle envoya un de ses amis prier Bouffé de venir dans sa loge ; il s'y rendit , mais , Maria ne l'eût pas plutôt aperçu, qu'elle s'avança vers la porte et, lui sautant au cou , elle fraternisa avec lui , en le remerciant avec toute l'effusion de son cœur, du plaisir qu'il venait de lui faire.

A son retour en Belgique , elle alla s'établir à sa campagne d'Ixelles , près de Bruxelles ; mais le repos n'était pas son partage, et peu de jours après, elle vint à la ville pour donner un concert avec son mari , au profit des réfugiés polonais , qui fut immédiatement suivi d'un second pour le même objet, au grand théâtre, car Maria ne savait jamais s'arrêter sur la route du bien. Mais elle fut aussi récompensée de ce bienfait, par les témoignages de l'admiration publique.

Jamais elle n'avait été écoutée avec un si grand enthousiasme : le souvenir de ce concert est d'autant plus ineffaçable pour le public de Bruxelles, qu'il entendit pour la dernière fois la célèbre artiste. Il semble qu'inspirée par le sentiment dominant de son cœur, elle voulut faire par une bonne action, ses adieux à la ville natale de l'homme qu'elle aimait.

Le 19 avril, elle repartit pour Londres, elle y recommença sa vie théâtrale à Covent-Garden, avec autant d'éclat que dans les années précédentes. Maria, malgré son immense talent, n'avait pas cessé de faire des progrès, ce qui avait déterminé la brillante persévérance de ses succès, car dans les arts, le jour où l'on cesse d'avancer, on rétrograde.

La voix de Maria, qui faisait déjà notre admiration par son étendue, avait acquis encore quelques sons dans les tons aigus, et une facilité prodigieuse à exécuter certains tours de force. Ainsi, lorsqu'elle entendit, en passant à Paris, *I Puritani*, dernier chef-d'œuvre de

Bellini, Maria en fut enchantée; mais lorsqu'on l'engagea à faire le rôle d'Elvire, elle répondit : « Oui, j'en serais charmée; mais cette maudite cadence de la cavatine, qui n'est rien pour une voix franche de soprano, se trouve dans les cordes difficiles de la mienne, et je ne pourrai pas en venir à bout.... n'importe, pourtant.... nous verrons.

Cette cadence se trouve entre le *fa* dièse et le *sol*, au-dessous de l'octave aigu, dans la cavatine de *I Puritani*. Quelques mois plus tard, Maria chantait le rôle d'Elvire, et la cavatine et la cadence à ravir, et un an après, dans le rôle de Fidélio, en anglais, sur le théâtre de Covent-Garden, Maria faisait la cadence à pleine voix entre l'*ut* et le *re* aigu !... tour de force prodigieux, qui n'avait pas encore été exécuté, même par un soprano *sfogato* et qui faisait l'étonnement des plus hardis artistes...

C'est alors, c'est au moment de l'apogée de

son merveilleux talent; c'est à l'époque où, au
prix d'études incessantes, elle s'élevait encore
par son jeu et son admirable chant, que cette
femme jeune, fraîche, dans toute la force de sa
belle nature, fut enlevée par un horrible accident, au cercle magique de gloire qu'elle occupait sur la terre.

XXXIX

Un jour, étant à Londres, lord L... proposa à Maria une partie de plaisir : on devait aller à cheval, Maria n'en avait pas : lord L... lui en offrit un. Bériot, qui craignait un accident, parut contrarié de ce projet ; mais Maria, de qui le moindre goût était une passion, insista ; force fut de céder. La partie s'organisa, Bériot n'en est pas et on part.

Maria était habituellement très-courageuse à cheval et elle y montait à merveille ; mais soit qu'étant à son insu au commencement d'une grossesse, elle éprouvât un double besoin de conservation, soit un pressentiment vague d'une prochaine catastrophe , à peine son cheval se lança, qu'elle se sentit intimidée ; le cheval excité par les autres coursiers qui se suivaient de près , et ne se sentant pas guidé par une main sûre, précipita sa course.

Maria s'apercevant que sa main fléchissait, et se trouvant près d'une barrière, fit signe de loin à l'homme qui la tenait à moitié ouverte, pour lui livrer passage , d'arrêter son cheval; mais cet homme étourdi, ou plutôt stupide, jette son bonnet en l'air, et le cheval effrayé prend le mors aux dents et disparaît....

Les autres cavaliers, dans leur effroi, n'osent pas suivre de près, dans la crainte d'exciter le cheval emporté.

Au bout de quelques secondes, Maria sentit
la fourche qui soutenait son genou céder, et
en même temps l'étrier sur lequel son pied s'ap-
puyait fléchit...

Prête à s'évanouir de frayeur, elle aperçut,
non loin d'elle une seconde barrière , mais personne à côté qui pût arrêter le cheval. Un des
hauts bouts était suspendu en l'air et ouvrait
un étroit passage...

Maria ne se sentait plus appuyée...

A l'élan rapide de son cheval , elle prévoyait
qu'aucun obstacle ne saurait l'arrêter.... Qu'en
sautant la barrière, il pouvait la tuer sur le
coup.... Qu'elle était perdue !....

Alors, en s'approchant de la barrière, elle
songe à en saisir la partie supérieure, espérant
que le cheval continuerait sa course, et qu'ensuite elle, par son propre poids, entraînerait le

haut bout de la barrière vers la terre, et qu'elle se trouverait sur pied sans accident... Tout ce calcul instinctif fut fait en une seconde...

Mais, au moment où les bras élevés, le corps lancé, elle étreignait déjà ce haut bout, son pied, accroché à l'étrier, lui fait lâcher prise, et son corps, retombant à la renverse sur la croupe de son cheval, rebondit, glisse, frappe sur terre et va traînant après l'animal fougueux, aussi longtemps que le pied de la malheureuse jeune femme reste accroché à l'étrier... Quelque temps après elle fut ramassée sur la route et ramenée chez elle évanouie, la tête couverte de blessures, le visage meurtri, et méconnaissable.

En arrivant, son premier soin fut de s'informer si son mari était à la maison : on lui dit qu'il n'était pas rentré.

Alors, elle se plaça devant une glace, exa-

mina avec calme l'état de son visage et de sa
tête. Une de ses joues était toute noire, et le
sang extravasé, s'était répandu jusqu'à l'œil et
le front. Le reste de son teint, d'un jaune ter-
reux et livide, annonçait les ravages que la forte
commotion avait causés dans l'intérieur. Elle
avait trois trous à la tête, et le sang qui en sortait, se figeant à mesure sur ses cheveux en
désordre, lui donnait un aspect effrayant.

Benedict, un de ses amis, entra en ce moment, et la voyant dans un tel état, il en fut
frappé comme à la vue d'un spectre...

Maria sourit, et son ami crut voir la mort
dans ce sourire.

« Ne vous effrayez pas, lui dit-elle, l'essentiel
est que Bériot n'en sache rien. Il était contrarié
de me voir accepter cette partie, et mon accident lui ferait trop de peine. »

— « Mais comment, en vous voyant, ne de-
vinera-t-il pas?... »

— « Rapportez-vous-en à moi... et ce soir...
je jouerai... »

— « Mais vous êtes folle! »

— « Je jouerai, mon ami, vous le verrez... »

Et aussitôt, elle se mit à combiner, à l'aide
de sa glace, la manière dont elle pourrait, au
moyen de différents fards, déguiser les taches
et meurtrissures qui défiguraient son visage :
puis, elle bassina sa tête, et en cacha les trous
avec des emplâtres.

Le reste de ses blessures fut dissimulé, à
l'aide d'autres expédients, car tout son corps
était dans un état déplorable.

Lorsque son mari revint vers le soir, Maria
lui dit qu'en montant son escalier, elle était
tombée et que sa tête avait frappé à tel endroit
qu'elle lui désigna, mais qu'elle en souffrait

peu et se proposait de jouer le soir. Pour éviter le danger d'un éclaircissement, elle écrivit aussitôt, au milieu de son agitation et de ses souffrances, à lord L...., en le priant de cacher la cause de son accident à Bériot.

Le soir, elle chanta au théâtre, comme d'habitude. La courageuse créature supporta toute ses souffrances avec une intrépidité sans exemple, mais elle était frappée à mort. N'ayant pas été saignée immédiatement après sa chute, et n'ayant pris aucune précaution, pour en éviter les suites, elle ne tarda pas à ressentir les conséquences de cette imprévoyance.

XL

A la fin de juillet, Maria retourna à Bruxelles.
Malgré son état habituel de malaise, elle donna,
le 12, un concert à Liége.

On verra, par la lettre qui suit, combien
Maria était courageuse à la peine. En lisant ces
plaisanteries, en suivant ce désordre d'idées,

cette insouciante gaieté, qui aurait pu soupçon-
ner les souffrances secrètes qu'elle endurait?...

18 août 1836, Bruxelles.

« Oh ! de tous les hommes le plus méchant et
» le plus manquant à sa parole ! Comment, vous
» nous donnez l'eau à la bouche, et puis... ber-
» niquet sansonnet ! pas plus de père L... que
» dans ma manche ! vous êtes témoin que je
» vous écris, ainsi, si vous ne prenez pas la
» poste pour venir nous embrasser à Bruxelles,
» aussitôt la réception de cette lettre, je ne
» vous parle de la vie, et je vous boude, ce
» sera un peu contre mon v....., mais n'importe,
» je bouderai.

» Nous restons jusqu'au 14. C'est-à-dire que
» le 14 il y aura à Liége un concert, et nous y
» jouons, et nous y *chantrouillons*.

» C'est le 25 aujourd'hui, ainsi, vous pour-
» rez encore passer 10 à 12 à 14 à 16 jours avec

» nous, c'est bien la moindre des choses que le
» père L... puisse faire pour contribuer au
» bonheur de ses enfants adoptifs, toutefois
» sans faire tort à *le* petit Jules. Il doit être un
» *n'amour* d'enfant maintenant qu'il est plus
» grand et par conséquent plus diable, plus ga-
» min et plus *sage*.

» Dites-lui bien que je ne l'oublie pas; et que
» j'espère qu'il est devenu *généreux véridi-*
» *que* et surtout qu'il a *ses mains et ongles*
» *bien constamment propres...* Vous rappelez-
» vous Venise? comment se porte mon *bédit*
» *Vranzoni* et notre M...? avez-vous vu M. Guis?
» Il était au désespoir de quitter Londres sans
» vous avoir vu; et m'avait chargée de vous le
» dire dans les termes les plus affectueux.
» Voici ma commission faite, quoique j'étais
» tenue de la faire en *personne*. M. de Beer
» est-il en France? Dites-lui bien que je ne puis
» oublier sa charmante soirée de Naples, et sa
» gracieuseté à notre égard.

» J'ai rencontré depuis à Londres M. et ma-
» dame C.... n, mais ils m'ont reconnue à peine,
» attendu qu'ils auraient pu perdre un cran
» dans la bonne opinion des gens du monde
» (et surtout du duc de Devonshire, chez lequel
» je les ai revus pour la première fois), si on
» avait pu croire que M. et Madame C... n'avaient
» daigné venir s'amuser chez moi à Naples. On
» ne condescend à connaître de certaines per-
» sonnes que lorsqu'elles peuvent bien nous
» amuser : mais sorti de là, vous n'êtes, c'est-à-
» dire je ne suis qu'un point lointain de per-
» spective, qui peut se voir, mais de fort loin.

» J'avoue que j'ai eu la bêtise de me vexer de
» ce changement d'autant plus absurde, que
» lorsqu'elle venait chez moi, et qu'elle me re-
» cevait, la municipalité et son maire, n'avaient
» pas encore fait connaissance avec ce *oui for-*
» *midable* qui a égayé l'auditoire le jour où votre
» témoignage a ajouté dix degrés à mon bon-
» heur.

» Je n'ai plus entendu parler de la bonne
» mère L..., je désire vivement en avoir des
» nouvelles et de Minfild : donnez-m'en , je
» vous prie. Charles a une presque ophthalmie,
» c'est ce qui l'empêche de vous écrire , mais il
» me charge de vous dire qu'il appuie de tout
» le poids de son corps la prière que je vous
» fais de vous mettre en route plus vite que tout
» de suite.

» Adieu, cher père , je vous embrasse de tout
» cœur. »

Quelques jours plus tard , elle joua la *Somnambule* à Aix-la-Chapelle. De là elle revint en France , et fut passer quelques jours au château de Roissy , dont elle venait de faire l'acquisition , près de Paris. Là, elle se trouva réunie à quelques amis qui l'y attendaient, et parut se ranimer pendant quelques jours ; mais elle ne tarda pas à retrouver ses souffrances.

XLI

Depuis son accident, elle ressentait continuel-
lement de violents maux de tête qu'elle endurait
en secret. De fréquentes attaques de nerfs venaient souvent l'assaillir, et tout dans sa personne annonçait un sensible dépérissement.
Mais malgré l'état continuel de malaise où elle
se trouvait, elle travaillait avec ardeur pour

achever sa dernière collection de romances : il semblait qu'un triste pressentiment la poussait à finir.

Souvent sa tête se troublait à force de douleur; alors, les yeux à demi fermés, le front contracté, elle serrait d'une main ses tempes, et de l'autre continuait à écrire, comme si elle eût été à la tâche.... comme si une voix secrète l'eût avertie que le temps pressait... C'est là, à Roissy, et dans de telles dispositions, qu'elle composa la romance de *la Morte*.

Les paroles lui avaient été données par Lablache; elles étaient de Benelli, homme maladif, qui, dans un moment de sardonique gaieté, les composa, et en fit présent à Lablache. Les voici :

Ton ton, chi batte là ?
Ton ton, sono la morte,
Ci cameriere hei presto,
O là, apri le porte,

Apri à la morte ,
Sono tré mesi ,
Che la salute in voce
Essa mi prende à ginoco ,
Si mostra è se ne và.
Io la salute in voce hà
Essa mi prende a ginoco
Si mostra, è se ne và ;
Ecco villane vende mia
Conta co frà tim coro
Ebra si sta con loro.
Di mè, non hà pietà.....
Ton ton, chi batte là ?
Ton ton, sono la morte.

Benelli mourut deux mois après avoir fait ces paroles, et Maria un mois après les avoir mises en musique.... Cette romance fut placée par elle à la fin du dernier recueil de ses compositions....

L'état alarmant de la santé de Maria ne l'empêchait pas, aussitôt qu'elle avait un moment de soulagement, de se livrer à la gaieté. La réunion de ses amis autour d'elle, le doux repos dont elle jouissait , bien aussi précieux que rare pour elle, le bonheur qu'elle éprouvait de se voir enfin mariée à Bériot, tout la disposait à ce joyeux abandon si naturel en elle. Souvent, lorsqu'elle ne souffrait pas de la tête, elle folâtrait, se disputait à la course, sautait à cloche-pied, barbouillait de noir le nez à un de ses amis, ou se faisait des moustaches elle-même pour jouer une scène burlesque, ce qui ne l'empêchait pas un instant après de chanter la scène admirable de la *Jeanne Gray*. Alors, à son œil sublime de douleur et de fierté, à son accent vibrant, à son front haut et noblement placé, on aurait dit qu'elle portait le monde sur sa tête.

Une des circonstances les plus remarquables de la vie de Maria, c'est l'accord entre sa fin prématurée, et ses pressentiments sur la rapidité de son passage sur la terre. C'est cette conviction où elle était que sa vie ne tenait qu'à sa jeunesse, qui la portait à chercher tous les moyens de conserver les goûts de l'enfance, et

les folles joies des premières années. Elle était
persuadée qu'elle mourrait à la fleur de son
âge ; et la répugnance qu'elle éprouvait à cette
triste pensée qui avait pour elle toute la force
de la vérité, explique plusieurs traits de sa vie,
qui, sans cela, deviendraient insignifiants ou
même ridicules.

Par exemple, elle était fortement attachée
aux premières sensations de l'enfance, et tâchait de les conserver dans toute leur force
primitive, au moyen des plus singulières illu-
sions.

Elle aimait les joujoux, les poupées comme
un enfant ; et lorsqu'elle alla pour la première
fois au théâtre de *Girolamo* à Milan, elle en
fut ravie : elle y revint chaque jour, trouvant
d'autant plus de plaisir aux représentations
auxquelles elle assistait, qu'elles s'éloignaient
davantage de la nature ou de la vraisemblance.
C'est encore pour conserver toujours vives les

1

impressions de la jeunesse, auxquelles, d'après sa conviction, sa vie était attachée, que Maria recherchait d'autres passe-temps innocents, et surtout la danse où elle était si peu habile, tandis qu'elle excellait dans tant d'autres arts d'agrément et de goût.

D'ailleurs, ce goût d'activité et de mouvement allait à merveille à sa nature arabe-espagnole ; car si on l'observe bien, il y avait en elle plus d'africain que d'européen. Par exemple, une partie de ses traits, la grandeur de sa bouche, l'épaisseur de ses lèvres, ses yeux lorsqu'ils étaient animés par l'indignation, ses formes minces, grêles, et pourtant si fortes, si agiles, si adroites : tout en elle décelait la race africaine. Si nous la suivons dans ses habitudes, nous retrouverons encore mieux les traces d'une origine étrangère à l'Europe.

XLII

S'élancer à cheval à bride abattue, par monts
et par vaux, avec une telle vélocité, que des
cavaliers habiles pouvaient à peine la suivre;
voyager jour et nuit par les plus rudes hivers,
ou courir la poste dans le moment le plus rigoureux de l'été, sur le siége du cocher; pa-
tiner sur la glace, se plonger dans la mer, faire

des armes, et tant d'autres exercices de ce genre, prouvaient bien que le sang qui coulait dans ses veines n'était pas tout à fait européen ; et la croyance où elle était que l'activité et la jeunesse étaient seules capables de conjurer la mort loin d'elle, qu'un point d'arrêt dans ses habitudes de folie, serait le signal du terme de sa vie, nous confirme de plus en plus qu'il faut chercher dans une autre race que dans la nôtre, les éléments physiques et moraux de cet être déjà si extraordinaire sous tant d'autres rapports.

Combien n'avons-nous pas à déplorer que le pressentiment qui tourmentait la pauvre Maria sur sa mort précoce, se soit vérifié d'une manière aussi funeste ! Et ce qui est encore plus désolant, qu'elle ait précisément trouvé la fin de sa vie par les mêmes moyens qu'elle employait pour la prolonger ! Du reste, on doit déjà savoir que si les habitudes de Maria, auxquelles son père l'avait rompue dès ses pre-

mières années, n'étaient pas toujours convena-
bles à son sexe, ses mœurs furent toujours
pures et exemptes de blâme. Nous avons déjà
dit combien était injuste l'opinion qu'on avait
répandue sur son goût immodéré pour les li-
queurs fortes. Maria ne buvait jamais que du
vin mêlé avec de l'eau à ses repas, et souvent
elle le remplaçait par de l'eau pure.

Quand elle devait chanter au théâtre, elle
avait l'habitude, pendant les représentations,
de prendre quelques boissons fortes qui exci-
taient, comme elle l'entendait, ses esprits, et
qui donnaient plus d'énergie à l'organe de sa
voix ; mais ces boissons consistaient ordinairement en eau chaude, où on versait du café, du
vin de Bourgogne blanc ou du rhum, avec
beaucoup de sucre.

Un jour, le baron de Trémont arriva chez
elle au moment où elle allait partir pour le
théâtre. Maria était dans un violent accès de
colère....

— « Qu'avez-vous ? » lui demanda M de Trémont, en voyant ses yeux brillants, et sa lèvre
tremblante.....

— « Je suis furieuse, lui dit-elle..... Imagi-
nez-vous qu'on dit que je me grise....... Tenez,
voyez plutôt?... »

Et se tournant vers une armoire qui se trouvait derrière elle, elle l'ouvre, et prend avec
vivacité un pot de porcelaine.....

— « Tenez, voyez si on se grise avec
cela !.... »

Et appliquant le pot aux lèvres du malheureux M. de Trémont, sans lui donner le temps
de résister, elle lui fait avaler la plus abomi-
nable drogue, composée de miel, d'eau d'orge,
de jus de goudron, et que sais-je !

Tout était possible au courage de Maria, lorsqu'il fallait se tirer d'affaire sur le théâtre.

Un jour, elle avait diné à trois heures, selon son habitude, lorsqu'elle devait jouer le soir ; Bériot était à table avec un de ses amis à six heures, lorsque Maria vint auprès de lui !...

« Qu'as-tu, lui demanda son mari, tu as l'air préoccupé ? »

— « Eh ! oui, je suis bien contrariée....., je me sens mal à la gorge....., les sons ne sortent pas bien..... »

— « Ce n'est rien, tranquillise-toi...., si tu te tourmentes, cela ira encore plus mal.... »

— « Oh ! non !.... non !.., mais voilà quelque chose qui me fera du bien !.... »

Et sans donner le temps à Bériot de l'en empêcher, elle se saisit du moutardier qui était sur la table et avale la moutarde qu'il contenait !....

Maria était d'une sévérité de mœurs remar-
quable. Son premier mariage, si mal assorti,
fut une sorte de simulacre, qui ne la dépouilla
pour ainsi dire d'aucun de ses charmes de jeune
fille. A je ne sais quelle page du beau roman
Notre-Dame de Paris, l'auteur dit qu'Esme-
ralda était sortie des mains du poëte Pierre
Gringoire, pas innocente mais pure.

Maria qui aimait avec passion la ravissante
création de la bohémienne, fut si frappée de
ces mots, y revenait si souvent, qu'il était aisé
de comprendre qu'elle en faisait l'application
à elle-même. Maria n'aima qu'une fois et ce fut
avec passion et une constance inaltérable. Aussitôt que la loi le permit, elle épousa l'homme
de son choix. Avec lui elle commença et finit la
vie conjugale, sans que le temps ait apporté la
moindre altération dans l'amour tendre et fidèle
qu'elle lui avait voué.

Elle avait une sorte de régularité et de pudeur

dans ses pensées, qui se décelait dans ses goûts, sans prétention ni pruderie.

Bien qu'affable dans ses rapports, gaie, enjouée, elle ne donnait jamais accès à la moindre liberté de paroles ou de manières ; et lorsqu'on s'avisait de hasarder en sa présence quelque expression ou quelque anecdote galante, si on n'y mettait la plus grande délicatesse dans le choix des termes, aussitôt les sourcils de Maria se fronçaient et un certain mécontentement se manifestait dans toute sa physionomie.

L'aversion de l'oisiveté et des abstractions contemplatives n'est pas un des caractères les moins remarquables dans cette femme excentrique.

Le mouvement était son élément, et lorsqu'elle rentrait du théâtre, après avoir répété ou joué tout un opéra, elle sautait par-dessus les meubles, essayait des tours d'adresse, ou de souplesse, cherchait à garder l'équilibre dans telle où telle position, jusqu'au moment où, succombant à la fatigue, elle n'avait plus la faculté de se mouvoir ; et lorsque son mari ou ses amis lui faisaient des représentations sur les conséquences de ses extravagances, elle leur disait : « Non, vous vous trompez, vous ne connaissez pas ma nature : je ne puis pas préméditer le repos dans ma tête ; il faut qu'il me devienne indispensable par l'excès de la fatigue. Je ne puis pas faire des économies de force, il faut que j'use ma vie à mesure que j'en ai la faculté, autrement elle m'étoufferait. »

XLIII

En faisant des fouilles dans son jardin de
Roissy, on découvrit une citerne et plusieurs
souterrains qui y aboutissaient. Aussitôt que
les habitants du château l'apprirent, ils se dis-
posèrent à visiter cette antiquité. Il fallait se
faire descendre à plusieurs toises au-dessous
du sol, et dans un terrain fangeux ; Maria vou-

lut accompagner les curieux, mais Bériot s'y opposa de tout son pouvoir, alléguant son état de santé. Maria resta, mais elle bouda toute la journée; et prétextant un peu de fatigue, fut se coucher de bonne heure.

Le lendemain, elle se leva à cinq heures du matin; et après avoir passé une robe légère, elle s'échappa de la maison, fut chercher ses ouvriers, se fit descendre dans les souterrains, examina tout, et lorsqu'elle se trouva à table pour déjeuner, elle se fit un plaisir malin de raconter ce qu'elle avait vu, comme si elle l'avait rêvé dans la nuit. Son caractère courageux et mâle ne lui permettait jamais de reconnaître des bornes à sa force : elle s'était trouvée humiliée de n'avoir pas été jugée capable de partager la fatigue ou le danger de ses amis.

Dans les premiers jours de septembre, Maria quitta Roissy pour retourner en Angleterre.

Jusqu'alors son infatigable activité, jointe à

l'ignorance où se trouvait le public de son accident, donna lieu au bruit qui se répandit, que
Maria se mourait d'une maladie d'épuisement,
comme si un corps nerveux, soutenu par une
âme forte, pouvait s'éteindre à vingt-sept ans,
tel qu'une lampe, faute de combustible. Loin de
là, comme le phénix, elle se consumait, et re-
naissait chaque fois de ses propres cendres. Si
quelque chose peut faire périr une nature d'é-
lite, ce n'est pas l'action, c'est le repos.

Aussi, la pauvre Maria luttait, avec toute l'é-
nergie de son caractère, avec toute la fougue de
son imagination, contre des souffrances qui auraient ébranlé toute autre, et ne céda que lorsque la mort, pour ainsi dire, s'était emparée
d'elle.

Bien que son état empirât de jour en jour,
elle ne voulut pas manquer à l'engagement
qu'elle avait contracté à Manchester, pour y
donner six concerts : aussitôt arrivée dans cette

ville, elle s'informa de l'endroit où Lablache habitait, et fut se loger dans le même hôtel, car,
comme nous le savons déjà, c'était son cama-
rade de prédilection.

Le soir, Maria était gaie ; après s'être livrée
à mille folies d'enfant, elle se mit au piano, et
pria Lablache de lui dire son avis sur ses deux
dernières romances : le *Brigand* et la *Morte*,
dont il lui avait donné les paroles.

A peine Maria commença-t-elle à préluder,
qu'elle se livra à une exaltation extraordinaire.
Ses yeux, sa voix, le tremblement de ses lèvres
étaient d'un effet admirable, mais effrayant à la
fois. L'impression qu'elle produisit sur son ca-
marade fut aussi vive que profonde....

Alarmé de son état surnaturel, il dit à Bériot,
qui était présent, de l'engager à se reposer, espérant que le calme de la nuit dissiperait cette
surexcitation qui, du reste, ne lui avait pas

semblé incompatible avec son état apparent de bonne santé.

Le lendemain, Maria assista à la répétition du concert à l'église ; mais à peine elle entendit l'orgue, qu'elle fondit en larmes. Comme elle était sujette à des attaques de nerfs dans l'état habituel de la vie, cet incident n'inspira pas de craintes sérieuses.

Le lendemain, elle fut au concert. Quelques moments après son arrivée, l'orgue fit entendre ses sons graves et mélodieux...... Alors, Maria se mit à rire aux éclats, et au bout de quelques minutes, elle s'évanouit..... On la transporta dehors, mais, revenue à elle peu de temps après, elle rentra dans l'église, et trouva assez de courage en elle-même pour chanter l'air d'*Abraham* de *Cimarosa*.

Sa tristesse profonde, l'accent incisif de sa voix, l'abattement de toute sa personne, firent la plus profonde impression sur l'auditoire.

Le soir, elle se rendit au théâtre, et malgré son état de souffrance, elle chanta comme d'habitude. Le lendemain, Maria retourna au concert de l'église ; mais à peine les sons de l'orgue frappèrent ses oreilles, qu'elle s'évanouit de nouveau. On l'emporta, et pour cette fois, elle resta hors d'état de chanter. Elle fut ramenée chez elle.

On penserait qu'à la suite d'accidents aussi répétés et aussi graves, Maria ne devait plus se trouver dans la possibilité de reparaître ; mais cette femme incomparable, animée par le sentiment du devoir, et par cette énergie qui ne l'abandonna jamais, déjà mourante, se fit conduire au théâtre le soir même..... Là, un moment avant de paraître, elle eut plusieurs attaques de nerfs ; cependant, elle chanta le duo d'*Andronico* de Mercadante avec madame Caradori.

Pouvant à peine se soutenir, elle parut dans

la salle telle qu'une ombre... Comme la flamme devient plus éblouissante au moment de s'éteindre, la voix de Maria était pure et diaphane
plus que de coutume : la mélancolie touchante
de ses chants, son visage expressif et pâle semblait inspiré par une âme prête à s'envoler au
séjour de béatitude céleste. A la fin du duo, le
public, entraîné, enivré par tant de charme et
de beauté, oubliant l'état de souffrance de la
pauvre Maria, redemanda avec une sorte de délire le même morceau.

Le son des applaudissements comme un coup
électrique frappe au cœur de Maria... Ses joues
se colorent, elle lève la tête plus haut, ses yeux
brillants d'un feu ardent se portent çà et là dans
la salle; alors prenant une attitude noble qui
semblait répondre à un sentiment surnaturel,
elle recommença le duo... sa voix était tonnante, son âme semblait se porter sur chaque
son et le soutenir par sa propre puissance, soit
qu'imitant les harmonies célestes, elle les glis-

sât doucement, soit que, par de fortes vibra-
tions, elle voulût essayer, pour la dernière fois,
toute la puissance de cette vie passionnée dont
Dieu lui avait fait présent dans un beau jour.

C'est ainsi que, retrouvant pour un instant
une nouvelle vie dans la sympathie du public,
comme une balle part, bondit et retourne à la
main qui vient de la lancer, elle lui rendit dans
ces derniers chants la flamme instantanée et
vive qu'il avait excitée en elle. Riche plus que
jamais de toutes ses beautés, la pauvre créature s'offrait en holocauste, au moment de
mourir, finissant ainsi sa tâche d'artiste incomparable, et recueillant pour la dernière fois le
prix dû à tant de talent et à tant d'abnégation!....

XLIV

A peine Maria fut-elle sortie de la salle,
qu'elle fut saisie d'horribles convulsions accompagnées d'éclats de rire et suivies de longs éva-
nouissements. On fit venir le médecin de la
ville, qui conseilla la saignée; quelques amis
s'y opposèrent.

Maria, dans l'état habituel de la vie, éprouvait très-souvent des crises nerveuses, et les saignées, dont on avait fait l'essai dans des cas impérieux, n'avaient fait qu'augmenter le mal. Le médecin pourtant insistait. Bériot, dans ce moment, jouait un morceau de violon devant le public, et les autres personnes qui entouraient la malade, n'avaient pas assez d'autorité pour s'opposer au médecin....... Dans ce moment, Maria revint un peu à elle... « Faites, faites, » dit-elle, en souriant d'un air résigné....... « cela est de peu d'importance...... » Et on la saigna.

On a prétendu, mais je crois à tort, que la saignée fut cause de sa mort. A la vérité, elle ne fut pas efficace, mais elle ne put contribuer en rien à la catastrophe. La saignée fut tardive et voilà tout. On aurait dû l'opérer immédiatement après la chute de cheval de Maria. Mais au moment où elle fut faite, l'épanchement au cerveau s'effectuait déjà, et nulle ressource hu-

maine n'aurait pu la sauver. Il y avait deux
mois que la chute avait eu lieu.

Pendant deux ou trois jours, personne ne se
doutait, à Manchester, de l'état grave de la maladie, bien que l'intérêt qu'inspirait la charmante
artiste fût général.

C'était à qui viendrait se faire inscrire à sa
porte, ou demander de ses nouvelles. Les bulle-
tins sur l'état de sa santé se trouvaient dans tous
les journaux. Pourtant, on espérait que son
prompt rétablissement lui permettrait encore de
chanter avant son départ.

Mais la maladie fit de rapides et effrayants
progrès.

Bientôt les symptômes douloureux cessèrent,
mais il leur succéda une sorte de stupeur et d'in-
sensibilité. Elle restait des heures entières, telle
qu'une statue de marbre, sans donner le moin-

dre signe de vie, et si elle venait à sortir de cet
état, ce n'était que pour y retomber un instant
après. C'est dans un de ces moments où elle
rattrapait la vie prête à lui échapper, qu'elle demanda si Bériot avait bien joué et si le public
l'avait bien applaudi ?

Ainsi, le dernier sentiment de son cœur passionné, le dernier intérêt de sa vie, fut pour
l'homme de son choix et pour son art..... Sa fin
fut paisible; aucun signe de douleur ne vint
troubler sa beauté, et son dernier regard s'har-
monisant avec l'air et la lumière, ouvrit passage
à son âme, qui s'envola au ciel ! . . . .

La mort de Maria fut prématurée ; mais, au
moins, en quittant cette terre, elle y laissa, pour
dernier souvenir, ces impressions de jeunesse,
de force et de talent qui, comme le parfum des
fleurs, par l'air enivrant du printemps, se re-
nouvelleront dans la mémoire d'année en année,
sans que le temps puisse jamais les flétrir.

La ville de Manchester offrit à Bériot la somme
convenue pour les six concerts , bien que Maria
n'eût chanté que dans trois. Bériot n'accepta pas ;
mais cette offre fut de bon goût, et je me plais
à la citer.

Tout le monde connaît le refus du shérif de
Manchester de rendre à Bériot les restes de sa
femme. Un arrêté de l'évêque d'Yorck fit justice
à la réclamation de Bériot ; mais cette résistance
du shérif de Manchester est un nouvel hommage public rendu au mérite de l'artiste célèbre.

Le corps inanimé de Maria était encore un
trésor assez précieux pour qu'une grande ville
se fît un honneur de le posséder....

Une chapelle sera bientôt élevée à sa mémoire
à Ixelles près de Bruxelles. Là, l'image de Maria,
représentée par une statue de marbre blanc,
éclairée d'un seul rayon de lumière, et entourée

de masses d'ombres, nous apparaîtra encore
comme une pensée fantastique, comme le rêve
d'un poëte......

MISCELLANÉES.

PENSÉES.

I.

La flamme incertaine et faible, exposée au gré des vents, tremble, vacille et ne s'éteint pas. L'arbrisseau aux feuilles légères, aux rameaux souples et délicats, froissé par la grêle, battu rudement par l'impétueux aquilon, plie, lutte, se courbe encore, et toujours debout, attend la volonté de Dieu.

Mais l'homme, cette œuvre magnifique du Créateur, mécanisme admirable, dont la complication est infinie!.... Quoi de plus surprenant que ce germe secret de force et de vigueur, qui, au milieu de sa faiblesse, se développe en lui, à mesure que sa destinée l'exige ?....

A la finesse, à la délicatesse de ses organes, on dirait une bulle aux mille couleurs, lancée dans l'espace, prête à se briser sous le souffle de la brise légère.

Faible et sans défense en face de chaque danger, il fut créé pour résister à tous. Maladif et susceptible à toute nouvelle impression atmosphérique, on le voit se transporter de la terre de feu où il est né, aux régions glacées du nord et y vivre : souffrant du plus léger besoin, dans la vie ordinaire, il sait résister, si les circonstances l'exigent, à la faim, à la soif, à la veille, à la maladie, au delà de tout calcul ; et ce cœur qui se révolte en face d'une contrariété puérile, comment résiste-t-il sans se briser en éclats, à la perte d'un enfant, à la trahison d'un ami, à l'abandon de la femme qu'il aime ?

La mer est-elle plus incommensurable que la faculté de souffrir dans le cœur de l'homme? Qu'elle est merveilleuse et sublime, cette balance que Dieu a établie entre sa force et celle des événements qui pèsent sur lui! Cette grandeur, cette magnificence de l'univers, ces périls, ces horreurs, cette immensité, aux prises avec la pauvre et chétive créature, qui, faible d'abord, et craintive à la douleur, pleure, éclate en plaintes comme pour l'effrayer et l'éloigner, puis plie, et s'abandonne, n'ayant pas foi dans sa force : quel contraste !

Mais lorsque la nécessité, étendant ses crampons de fer sur ses épaules, lui crie : *Marche ou meurs ;* il se relève, marche et ne meurt pas : car, tu l'as voulu ainsi, Dieu tout-puissant, et plaçant l'homme dans l'arrangement du monde,

en face d'immenses dangers et d'immenses douleurs, ta volonté s'étendit comme un vaste manteau sur sa tête, et tu lui dis : *La moindre parcelle de ce qui t'entoure peut te donner la
mort, mais ta vie est à moi et rien ne saurait
y porter atteinte, qu'à ma voix. Il te sera
aussi impossible de mourir que de vivre hors
de ta destinée.*

II.

Dans le succès, comme dans les joies du
monde, on trouve toujours le correctif qui nous
apprend à être humbles. Il y a sans cesse un
stylet qui blesse, un désenchantement qui hu-
milie et nous fait sentir que la honte est bien près
de la gloire et que l'impuissance est tout près de
l'orgueil.

La plus belle de nos facultés nous appartient

si peu, que souvent après l'avoir exercée, nous cherchons dans notre esprit la source d'une telle supériorité, et à peine si nous en avons conscience. On sent à la faiblesse qui succède à ses actes, qu'elle émane d'une étincelle divine qui nous pénètre à notre insu ; le seul mérite qui appartienne à l'homme est de savoir s'en emparer, de l'étreindre, et de cette union brûlante et instantanée, faire éclore le fruit précieux. C'est la veine poétique qui s'applique à tout : c'est le mystère de la création : à l'homme appartiennent la volonté et le travail. Il ignore le reste. Dieu s'en est chargé.

III.

Lorsqu'on veut adopter un principe pour règle de conduite ou qu'on doit arrêter une résolution et que le jugement perplexe et opprimé par les préjugés et les idées reçues ne trouve

plus d'issue pour franchir le doute et se fixer, il
n'y a qu'un parti à prendre, c'est de dépouiller
son esprit des règles de convention, et après les
avoir écartées soigneusement, comme des herbes
parasites, se recueillant silencieusement au fond
de son propre cœur et de sa conscience, on doit
écouter avec un saint respect la voix intérieure
de la charité et de la justice, puis marcher en
avant. On est sûr alors de ne pas se tromper de
route.

IV.

Je sens que je suis née pour être pure plutôt
que pour être vertueuse. La pureté est un besoin
de mon cœur, comme l'ordre moral en est un
de ma raison : elle m'inspire un attrait irrésistible ; je la cherche pour compagne à toutes mes
actions, à toutes mes pensées. Elle seule me fait
jouir de cette douceur inaltérable de l'âme, au-

dessus des plus grandes joies de la terre ; indé-
pendante de l'injustice des hommes, elle tient à
mon essence.

Une âme pure, de qui toutes les intentions
sont saines, dont les impulsions sont droites et
d'accord avec la nature, trouve dans son bien-
être un parfum de son essence divine et dans
son habitation terrestre, un petit coin du para-
dis. Cet ordre intérieur m'est aussi nécessaire
que l'ordre matériel. Je n'ai jamais pu commencer un travail sans avoir mis auparavant chaque
objet à sa place autour de moi..... Il faut que
mon œil soit frappé d'un ensemble harmonieux,
pour que mon imagination acquière ce degré de
calme qui doit précéder une occupation sérieuse. Mais la vertu est un effort pénible que la
raison exige de moi et qui est rarement couronné
de succès.

La vertu est comme un rameur prudent qui
nous conduit, à la vérité, dans un bon port, mais

comme elle marche toujours contre le courant,
elle ne nous y dépose, que les membres brisés.

V.

Une âme élevée peut s'allier à un esprit borné,
jamais à un esprit vulgaire.

VI.

Il faut que toute œuvre s'accomplisse : un
instinct secret pousse l'homme vers la conclusion
de toute chose. Cette soif d'apprendre, de fouil-
ler dans les secrets de la nature, de la science,
des arts, dans les mystères de la philosophie ; ce
besoin incessant de tout connaître, de tout
essayer, de tout approfondir, de puiser à pleines
mains dans les trésors immenses de Dieu, sont

autant de routes qui conduisent vers un but
final. Sur une échelle moins élevée, qui n'a pas
éprouvé cette secrète satisfaction, qui naît à la
fin d'un travail, d'un arrangement quelque mi-
nime ou indifférent qu'il soit ?... cette inquiétude,
ce malaise qu'on éprouve lorsqu'on est dans l'i-
gnorance , et ce calme qui succède à un travail
fructueux ?..... Et quel argument plus puissant
contre le suicide, contre la peine de mort, que cet
instinct qui nous porte vers la fin de toute chose ?
Mais ce but final est réglé par Dieu et non par la
volonté des hommes ; c'est ainsi que lorsqu'im-
patients ou *jactancieux* , ils veulent marcher
trop vite , ils trébuchent, tombent ou reculent.

C'est ainsi, sans doute, que l'homme qui tran-
che le fil de sa destinée par sa propre volonté,
trouble l'ordre de la nature, détruit l'harmonie
établie entre le principe et la fin donnée, entre
la durée et l'éternité ; son âme n'occupera pas
la place qui lui avait été assignée, car il n'a
pas fait son temps, il n'a pas porté le poids de

sa vie, il a jeté sa charge de douleurs en route :
lâche, il s'est sauvé. Sa vie n'ayant pas été un
fait accompli, tel que Dieu l'avait déterminé, il
ne saurait jouir de la récompense léguée à ceux
qui surent supporter vaillamment la peine…. Et
de quel droit l'homme *juge* s'arroge-t-il la faculté d'altérer l'ordre de la nature, en arrêtant
le cours d'une destinée? Dieu, par quelle mani-
festation ou par quel miracle, l'a-t-il revêtu de
ce pouvoir exceptionnel?

Quelque criminel que soit un condamné à mort,
son juge a-t-il pu lire dans l'avenir avant de lui
porter anathème, et savoir quel sort lui était ré-
servé par la suite des temps? C'est peut-être un
héros, un saint dont il vient de priver la terre!
Ne serait-il pas plus juste, plus généreux, plus
utile à l'humanité de créer des moyens de ré-
pression assez puissants pour mettre les crimi-
nels dans l'impossibilité de nuire à la société?
Et si vos bagnes sont insuffisants, construisez
des cages de fer!…

Vous pouvez assimiler vos malfaiteurs aux
tigres, aux panthères, aux hyènes, vous en avez
le droit, le droit de les empêcher de faire du
mal aux hommes, mais c'est le seul que Dieu
vous ait accordé, et en vous arrogeant la faculté
de les mettre à mort, vous vous placez à l'ombre
de la loi, pour commettre un assassinat.

VII.

Lorsque le sort a épuisé sur nous toutes ses
rigueurs, que l'âme brisée, découragée, n'a plus
la force d'espérer ; lorsque la volonté révoltée,
tout en défiant le destin comme une puissance
éphémère, se sent plier sous le poids de la vie,
il y a encore un moyen de venir à notre aide,
et au lieu de faire parade d'une force fiévreuse,
d'une volonté dont les faibles ressorts fléchissent
sous chaque pression nouvelle, il faut accabler
sa vie d'occupations bienfaisantes, s'imposer des

tâches laborieuses et incessantes, sinon d'esprit
tout d'abord, du moins de travail actif et matériel, il faut se traiter en malade qui se soumet
à un régime, et rapporte les fruits de ses bonnes
résolutions à autrui ; il ne faut pas faire un pas,
ne pas entreprendre une action qui ne soient
utiles aux hommes : c'est en ne cherchant plus
le bonheur que dans le bien qu'on peut leur faire,
qu'on retrouve le courage de vivre.

Le soin le plus religieux doit ordonner les
heures et leur emploi ; surtout qu'elles soient
bien remplies, car il faut avant tout éviter les
pensées douloureuses, et se créant, pour ainsi
dire, une atmosphère de devoir, n'envisager
plus notre course sur la terre que comme une
tâche à remplir.

Moins exigeants du sort, la vie nous devien-
dra plus facile, et les consolations alors vien-
dront adoucir les douleurs de l'âme, par le sentiment intime de nos bonnes actions : il lui

arrivera même parfois de se sentir imprégnée de
cette suave volupté que Dieu nous réserve pour
récompense de notre résignation.... Un tel
usage de la vie, en dépit de la fortune et du sort,
est presque le bonheur dans les affections, le
plus précieux de tous les bonheurs.

VIII.

Lorsqu'à peine entré dans la vie, on fait ses
premiers pas dans la vaste arène, la première
chose qui frappe, c'est l'inégalité des conditions,
telle que Dieu l'a ordonnée, telle que les hommes
l'ont établie : on blâme Dieu alors, et on doute
de la justice des hommes.

Mais, plus tard, si guidé par l'amour de la
vérité, le flambeau de la philosophie en main,
on tâche de pénétrer au fond des choses : lorsque
fouillant dans les profondeurs du cœur hu-

main, on parvient à connaître tous ses trésors, toutes ses infirmités ; ses jouissances, ses consolations, ses douleurs, ses désespoirs cachés, sa puissance de sentir, sa nullité ; qu'ensuite on cherche les rapports intimes des agents extérieurs avec les natures diverses, et l'harmonie que le Créateur a établie entre la force et la faiblesse, entre le privilégié et le pauvre d'esprit, on arrive à entrevoir alors que les biens et les maux sont plus équitablement répartis qu'il ne nous est accordé de le juger d'abord ; que les hommes, en agissant d'après la diversité de leurs facultés, ne font que suivre l'impulsion que Dieu leur a donnée, et que s'ils viennent à s'en écarter, en établissant des règles injustes ou en dehors des conditions voulues, ils ne tardent pas à en subir la peine dans leurs conséquences.

Effectivement, en jetant un coup d'œil sur l'univers, depuis le cours des astres, jusqu'au plus léger mobile intérieur de soi-même, on trouve partout, que l'harmonie ne résulte que du contraste, que l'équilibre du monde ne tient qu'à l'inégalité des agents, que la douleur touche la joie, et que si l'une ou l'autre pouvait devenir habitude, la faculté de sentir s'émousserait aussitôt; qu'ainsi, les conditions de la vie sont justes dans leurs conséquences; qu'il y a équité, puisque nous avons chacun notre charge proportionnée à notre force et que Dieu ne peut pas faillir.....

Alors après avoir incliné le front sur la poussière pour l'adorer, nous pouvons tirer d'une étude aussi importante, cet enseignement précieux : c'est de ne jamais convoiter le sort d'autrui, quelque brillant qu'il apparaisse à nos yeux, car chaque destinée à raison de son élévation, a des conditions plus ou moins dures à subir.

IX.

Tout marche à grands pas, tout avance, tout

est en progrès ; les sciences, l'industrie, les arts. Souvent la trame s'embrouille, alors, il y a temps d'arrêt, on dirait que l'œuvre recule. Mais l'impulsion secrète qui la dirige, n'en est que plus rapide ensuite.

Bientôt l'esprit même de l'époque, inquiet de nouveauté et de besoins renaissants, fait surgir une main habile, qui démêle les fils, donne une impulsion nouvelle à la bobine, la lance en avant et la déroule sans fin. *Les vagues qui battent le rivage, viennent une à une s'y briser, mais l'Océan avance.....,* a dit Byron. Image grande de poésie et de vérité !

Et d'où vient que Dieu qui nous a si richement doués, en attachant toutefois la réussite pour prix au travail, a déshérité les médecins ? Pourquoi l'art le plus important, le plus précieux à l'homme, est-il le moins connu ?..... Quelle est donc cette borne infranchissable à l'esprit humain, que le mouvement, l'étude et l'impulsion générale n'ont pas pu faire reculer d'un pas? Et pourquoi cette rigueur?....

C'est apparemment parce que l'art de la médecine est le fruit défendu, et que Dieu, en nous accordant de si magnifiques présents, a voulu se réserver le droit de vie et de mort...., ce donc considérant, la punition de Prométhée, aurait été la plus juste des punitions, si la mort ici bas s'attaquait, non au malade, mais au médecin qui le traite; il est vrai que celui-ci s'en tire sans doute en faveur de l'intention.

Toutefois, il est évident que dans les régions connues, année commune, il y a une proportion donnée entre le nombre des décès et celui des naissances, soit que les médecins guérissent ou tuent. Lorsque les guerres ne déciment point les populations, leur accroissement seul produit des maladies nouvelles, épidémiques, endémiques ou autres, qui rétablissent l'équilibre, et qui, comme la foudre, purifie l'air et harmonise

les fluides, emportent en général les êtres faibles
ou maladifs, réduisant ainsi l'espèce humaine
à des proportions par Dieu réglées....

A quoi bon alors le médecin! N'avons-nous
pas l'amour, l'air et le soleil pour vivre? le choléra, le typhus et la fièvre jaune pour mourir ?

X.

Le plus révoltant de tous les vices, c'est l'effronterie du *vice*, le plus hideux, c'est l'hypocrisie.... Lequel des deux est le plus dangereux?
D'après l'avis de quelques moralistes, la conclusion n'est pas douteuse. La Rochefoucauld a dit :
L'*hypocrisie est un hommage que le vice rend
à la vertu.* Mais il ne dit pas : *au moyen d'un
autre vice......* Shakespeare a écrit quelque
part : *Parez le vice de la livrée de la vertu...
Apprenez au crime à conserver les apparences de la sainteté....* et ailleurs : *Il est au*

vice une sorte de renommée bâtarde qu'il peut se ménager. Puis Rousseau : *Les mauvaises maximes sont plus coupables que les mauvaises actions.....* Et Rousseau est dans le vrai, je pense.

Nul doute que si l'hypocrisie ne servait qu'à cacher le vice, honteux de lui-même, loin d'être une nouvelle turpitude, elle en serait un palliatif, au moins quant au danger de l'exemple. Mais, lorsqu'elle farde le vice des riches couleurs de la vertu, ou qu'empruntant à l'innocence ses plus suaves parfums, elle les répand d'une main habile avec profusion, pour enivrer et corrompre un cœur pur et saint; lorsque semblable à cette liqueur doucement colorée qu'on introduit dans le corps de cadavres, elle donne les apparences de la vie à un spectre hideux et attire vers lui les âmes simples, qui, fascinées, viennent gaiement souiller leurs lèvres sur cette face corrompue et dégoûtante, anathème! oh! anathème sur l'hypocrisie.

Il résulte donc : que l'effronterie du vice a en elle-même quelque chose de révoltant, de scandaleux, qui, en choquant les idées reçues de morale, met sur leurs gardes ceux qui en sont témoins, et que, comme elle est en général le résultat de l'enivrement ou de la lassitude des excès, elle décèle plutôt une conscience en révolte, que l'assurance d'une conviction. Elle n'a en elle-même rien de fort, rien d'entraînant.

Mais, les mauvaises maximes empruntent de l'hypocrisie l'apparence de la vérité, de l'effronterie, le scandale de la publicité.

XI.

Semblable à l'oxygène sans mélange qu'on respire sur les hautes montagnes, l'amour précipite le cours de notre existence et nous fait avaler à longs traits tous les délices et toutes les douleurs de la vie.

XII.

Le désir de plaire, lorsqu'il devient une habitude de la vie, rapetisse l'âme. Souple alors à recevoir toutes les impressions qu'on veut lui donner et souvent prête à trahir les siennes propres en faveur des convenances des autres, elle perd toute sa hauteur et son indépendance ; tandis que ceux-ci, tout en lui sachant gré de ses concessions, se créent une sorte de supériorité de sa propre faiblesse et la prennent volontiers à leur service, lui faisant endosser l'habit d'esclave, qu'elle s'est taillé elle-même. L'imagination, arrêtée à chaque pas, dans son noble essor, n'est plus capable de nous mener aux grandes choses : tout est entrave au-devant de nous, tout hésitation au fond de nous-mêmes.

Assouplie par la crainte du blâme, l'âme n'a

plus pour guide les inspirations franches de sa propre nature, et perd avec son individualité sa fierté primitive.

Même dans les affections tendres, le désir de plaire, s'il n'est réglé par un certain instinct de fierté naturelle, est toujours prêt à nous éloigner de notre but.

En trahissant sa propre dignité, on ne tarde pas à en être puni ; de là, la plupart du temps, ces bizarreries en amour, où le plus attentif à plaire est souvent le moins aimé : c'est qu'en perdant notre liberté d'action et de vouloir, nous perdons ce charme d'individualité, cette harmonie entre les inconvénients et les avantages de notre nature, qui attire par leur ensemble et inspire la sympathie. D'où il résulte qu'une abnégation complète, sublime dans les grandes circonstances de la vie, appliquée constamment à ses petits détails, loin de donner le bonheur, blase ou fatigue celui qui en est l'ob-

jet, déconsidère et dépouille d'une partie de ses
charmes, celui qui s'y soumet.

XIII.

D'où vient que je suis toujours triste en sortant du sommeil ?... qu'un poids indicible pèse
sur mon cœur, à mesure que la conscience de
moi-même se réveille, que les nuages qui voi-
lent ma raison s'éclaircissent?... est-ce la vie
qui me semble si lourde à porter ?... est-ce la
responsabilité envers ma conscienee et en face
des autres, de mes actes et intentions?

Est-ce peut-être l'ennui de recommencer
exactement les mêmes actions stupides et mé-
caniques, indispensables à la tenue de ma place,
à ma conservation ici bas ?... Est-ce cette foule
de concessions, de sacrifices sans fin, qui, pour
être légers, n'en coûtent pas moins ? ou l'in-

justice à supporter, ou la sottise à endurer, ou
toutes ces douleurs qui n'ont pas de nom, qu'on
sent et qu'on ne saurait exprimer? Ou ces longues tortures secrètes, sans nombre, qui n'éveil-
lent pas la plainte et dont on meurt?..... Je
pense que le breuvage est assez amer pour dé-
tourner la tête.

XIV.

Nos facultés s'agrandissent à mesure que nous
les exerçons, et nous sentons leurs bornes s'é-
loigner, comme nous voyons en avançant,
l'horizon fuir devant nos yeux.

XV.

La mort est un événement simple, c'est un
but atteint. Comme les filons d'eau d'une source

glissent sur un plan incliné, serpentent çà et là,
et finissent par se réunir au même point, tout
ce qui se rattache à cet acte concourt au même
but : il ne doit pas nous effrayer. Lorsque nous
y arrivons, l'âme monte dans les régions éthérées, et le corps divisé en mille parcelles,
change de forme et cesse d'être.

Les habitudes sont rompues, l'absence est
éternelle, et après bien des larmes et du désespoir, enfin le souvenir s'efface, parce que la
nécessité inexorable, comme l'exécuteur des
hautes œuvres, brise nos membres et nous
rend inhabiles à la douleur. Mais l'affection!...
cette flamme que Dieu alluma dans le cœur de
l'homme, pour qu'il eût quelque chose de divin
en lui... ce foyer d'amour et d'espérance, d'abnégation sublime, d'incomparable volupté....
l'affection éteinte lorsque l'homme reste, que
les membres se meuvent encore et que la vie
est finie, lorsque c'est la même langue qui
parle, les mêmes yeux qui regardent... et les

fibres ne tressaillent plus!... et l'âme n'est plus troublée!... les entrailles ne sont plus émues, le cœur se tait au souvenir du passé!... et pourtant, au milieu de cette mortelle détresse, quelque chose reste encore au malheureux, lorsqu'abandonné dans un affreux désert, entouré d'objets vivants en apparence, mais dont la résistance immobile et glacée repousse sa main tremblante, et qu'enveloppé du froid de la mort, il tourne ses regards désolés autour de lui. Il se palpe et dit:... Tout paraît mort ici bas, mais pourtant la vie me reste... Le feu est là, ici, quelque part... oui, je le sens, car je souffre encore, et l'espérance n'est pas éteinte dans mon cœur!...

XVI.

Haute et admirable est la sagesse, qui pour nous détacher peu à peu de cette vie périssable,

nous enlève insensiblement une à une, les il-
lusions qui l'embellissent à nos yeux, les objets
précieux de notre affection qui nous la rendent
chère et qui réduit finalement l'homme dépouillé
de tous les biens, comme l'arbre de ses feuilles
par le vent d'automne, à lui demander avant le
terme, miséricorde et fin !...

XVII.

Quelle est cette plainte amère qui échappe à
C...? Quel est ce blasphème qu'il ose adresser
au ciel en se plaignant de sa justice? et pourquoi? parce que son corps vieillit et que son
âme est toujours jeune, que les rides appa-
raissent déjà sur son visage et que son cœur
lutte encore durement contre le démon d'a-
mour qui le dévore!... Pauvre C...! tu souf-
fres, il est vrai; mais serais-tu plus heureux
si ton corps et ton âme se refroidissaient à la
fois? et voudrais-tu ne plus vivre avant de mou-

rir? Ne sais-tu pas que la vie, c'est la réaction ?
et que, puisqu'il faut que l'âge avance, mieux
vaut qu'il soit accompagné le plus loin possible
par les agitations et les douleurs de la jeunesse?...
c'est encore vivre. Et comment d'ailleurs sup-
porterais-tu les horreurs de la vieillesse, si elle
t'arrivait à la fois avec son hideux cortége? Les
angoisses que tu endures, pauvre C..., sont les
sinistres de la tempête en face de la vaste plage ;
plus tu avances et plus la fatigue accroît tes souffrances... et plus sera précieux l'instant du repos.

XVIII.

Quel est donc ce masque hideux et burlesque
à la fois, dont s'affublent nos jeunes gens du
jour? Il fut un temps où un homme, avant de
prendre possession de la vie, vouait son épée et
son existence à sa dame; c'était bien, c'était
grand.

Plus tard, il se dépouillait volontairement de sa jeune et blonde chevelure et la remplaçait par une perruque à trois marteaux : c'était plaisant, **et voilà tout.**

Ensuite faisant parade de tous les vices, il perdait sa fortune jusqu'à la dernière obole, dans une nuit, au biribi, jouait sa vie à un tour de dé, et donnait la mort en échange d'un regard de travers. Tout cela n'était pas beau, mais cette insouciance de la fortune et de la vie, portait en elle-même un certain parfum chevaleresque et de bon goût qui ennoblissait tant de travers, tant de folies.

Mais quelle est la partie poétique de la jeunesse de notre époque ?... est-ce sa croyance en Dieu ?... est-ce son amour pour sa maîtresse ?... est-ce son ambition pour la gloire ?... seraient-ce les tempêtes imprévues qu'elle soulève, par la révolte intérieure des passions, qui, comme le vent enflammé du désert, bouleverse le sol,

déracine les arbres, brûle ou renverse tout ce
qu'il approche? est-ce enfin sa passion pour le
diable et ses extravagances?... et non, mille
fois non; la partie poétique de la jeunesse de
l'époque, c'est d'être devenue vieille avant d'a-
voir été jeune; c'est d'avoir renoncé volontairement à tous les avantages de son âge, aux
charmes délicats de l'amour, à toutes les illu-
sions, à toutes les croyances, aux nobles impulsions de l'âme; c'est de rougir de tout mouvement d'élan ou d'abandon du cœur; c'est de
trembler toujours devant deux horribles fantô-
mes qu'elle s'est créés elle-même : la peur d'ê-
tre dupe et la peur du ridicule : c'est de s'être
condamnée enfin par une sorte de fanfaronnade
de vice, à toujours ignorer cette foule de vo-
luptés sublimes et pures, dont le germe déposé
dans les cœurs par la main de Dieu, ne saurait
se développer que par un accord secret entre
les inspirations de l'âme et de la sympathie de
l'amour qu'inspire la beauté.

XIX.

L'effronterie de certaines personnes dans leur adulation, passe toute idée. Il faut qu'elles comptent bien sur la naïveté ridicule de l'amour-propre pour qu'elles risquent si gros jeu, et ne soient pas arrêtées par la crainte de voir prendre leurs compliments pour d'insultantes moqueries. Un des efforts de retenue dont je me sais le plus gré dans le monde, c'est de ne pas dévoiler mon mécontentement à celui qui, en me flattant outre mesure, me croit assez satisfaite de moi-même pour mentir à ma conscience ; car en soupçonnant sa bonne foi par une réaction toute naturelle, au lieu de la reconnaissance qu'il quête, il n'excite que mon ressentiment.

XX.

Les défauts qui tiennent essentiellement à la haute société sont les prétentions puériles, et la dissimulation : mais les vices qu'on y remarque on les apporte d'ailleurs ; les réunions des salons ne les engendrent pas. Partout où les hommes se rencontreront ensemble, ils les retrouveront.

XXI.

J'étais hier au concert chez la duchesse de Rs. M. s'y trouvait. Où M. ne se trouve-t-il pas ? Chez l'un pour lui accorder sa protection, chez l'autre pour se faire honneur d'y être admis ; et partout, pour faire parade de son esprit à la fois médisant et flatteur, et toujours méchant pour le plaisir de l'être.

M. était placé derrière madame de Saint-Ch., jolie femme, douce et inoffensive. Madame de T. venait de chanter fort bien. Tout le monde l'applaudit. Mais M. de se pâmer, criant bravo à tort et à travers, d'une voix tonnante, se livrant à des accès bruyants d'enthousiasme, à des trépignements convulsifs tels, qu'il avait plutôt l'air de souffrir d'un mal subit, que d'éprouver une jouissance. Je suspectais la sincérité de son enthousiasme, et ne tardai pas à en découvrir la cause. Madame de Saint-Ch. avait déjà chanté à son tour, et M. tâchait d'exciter en elle un mauvais sentiment, en exagérant le mérite de sa rivale. Il comptait bien sur cette désobligeance qui manque rarement son but, de louer à brûle-pourpoint le mérite d'un autre, en face d'un mérite analogue. Le calme simple et naturel de madame de Saint-Ch. ne découragea pas M., et se rapprochant d'elle...

— « Comme madame de T. vient de chanter, lui dit-il ; c'est vraiment ravissant ! »

— « Impossible de mieux faire, » répondit madame de Saint-Ch., sans avoir l'air de comprendre l'intention secrète de M., qui changeant aussitôt de direction.

— « Vous connaissez peu de personnes ici ? Vos amis y sont en petit nombre. »

— « Mais non, répliqua madame de Saint-Ch., avec toute sa simplicité, je me suis aperçue du contraire à l'indulgence qu'on a mise à m'écouter et à m'encourager. »

— « Ah !... c'est possible ; mais la société des salons s'y connaît si peu ! Eh bien ! elle applaudira toujours de préférence ces airs légers, ces vrais brimborions, aux grands morceaux dramatiques qu'elle ne comprend pas... (Madame de Saint-Ch. excelle dans le genre dramatique.)

L'air insinuant et goguenard à la fois de M. frappa alors seulement madame de Saint-Ch.... Elle le regarda... Il rougit, il se crut un moment dévoilé. Mais madame de Saint-Ch. reprit avec douceur :

— « Je pense que chaque genre a son mérite. En tout cas, la société doit savoir bon gré à ceux qui se donnent de la peine pour l'amuser. »

— « Eh ! nul doute. D'ailleurs, quelle comparaison peut-on établir entre ces *pont-neuf* de *floriture*, ces chants seulement bons au bec d'un oiseau, avec les sublimes et pathétiques inspirations d'un bel air passionné ! » (M. changeait encore de route, mais il se trompait encore.)

— « A vous dire vrai, reprit madame de Saint-Ch. en se levant, moi je préfère dans un salon le genre gracieux, parce qu'il est mieux

compris, et que, ajouta-t-elle avec un doux
sourire, le bonheur général est toujours préférable au bonheur particulier. »

XXII.

Le continuel frottement de la vie sociale peut
être utile à l'esprit, aux connaissances humaines ; mais il est incompatible avec un cœur pur
et finit tôt ou tard par le pervertir. Il y a des
organisations robustes qui résistent plus longtemps au danger, mais à la fin, elles succom-
bent comme les autres : l'homme en contact
avec la perversité humaine, finit par devenir
plus ou moins méchant ; il commence par se
défendre et finit par attaquer.

La diversité d'intérêts, mettant en jeu les
passions, engendre l'envie, la haine, la vengeance et tant d'autres éléments tumultueux,

qui, semblables à ces nuages violets des Antil-
les, lorsque poussés par le vent, ils se heurtent,
s'enlacent comme pour mieux lutter, se déchi-
rent et enfin éclatent par d'horribles tempêtes
et dévastent les plus beaux champs. Ainsi les
hommes tourbillonnent ici bas, se coudoient,
se poussent, se marchent sur le pied ; c'est à
qui devancera l'autre, et au bout de la grande
bataille, ils finissent la plupart du temps par
s'entre-déchirer.

Il faudrait, lorsqu'on a bien essayé de la vie
du grand monde, faire comme de certaines
gens qui avalent des drogues, tant qu'ils ont
foi dans leur médecin, et les rejettent bien vite
le jour où ils s'aperçoivent que le spécifique,
au lieu d'ajouter à leur force vitale, les énerve
et les tue... Alors, quel plus doux refuge que
le sein de la charité?... la charité qu'on fait par
soi-même sans le secours des autres, car, s'il
faut recourir aux grands de la terre pour nous
porter aide, les mécomptes qu'on éprouve, l'é-

goïsme , les froids calculs, l'indifférence pour
le bien dont on fait preuve, ramènent à un état
hostile contre l'humanité et excitent dans le
cœur des sentiments amers, qui altèrent de
nouveau la pureté de l'âme.

XXIII.

Une des conditions les plus pénibles du talent, c'est l'émulation : on dit qu'elle l'excite,
soit, mais elle est trop près d'un vice et c'est en
cela qu'elle me déplaît. Outre le malaise qu'elle
cause toutes les fois qu'elle est en jeu , elle pro-
voque une lutte éternelle dans un cœur honnête,
s'il veut se tenir en garde contre l'envie.

Quelque bonne nature qu'on ait, le sentiment
de l'amour-propre blessé par le succès d'un autre, lorsqu'il exerce le même genre de talent,
devient un sentiment amer et hostile contre ce-

lui qui l'a provoqué : tout ce qu'on peut obtenir de plus pur dans ces cas, est que cette disposition ne sorte pas du cercle tracé par le sujet de la rivalité.

La vertu même ne saurait préserver entièrement de cette satisfaction secrète qu'on éprouve à la chute d'un rival. Il se peut bien qu'une âme élevée, soit par habitude de bons sentiments, soit qu'elle excite elle-même à un mouvement de générosité, parvienne à calmer cette disposition, à applaudir même sincèrement le talent qui l'inquiète, lorsque toutefois il n'y a pas de parallèle immédiat; mais la crainte sommeille et ne dort pas. Comme la peur, elle grossit l'objet qui la fait naître, le mérite s'agrandit à mesure qu'on le redoute, si non par la propre conviction, sûrement par l'effet qu'on suppose qu'il doit produire.

Lorsqu'il est en évidence, lorsqu'il pose, un certain malaise s'empare de l'émule : il se sent

ébloui, aveuglé, son rival doit produire un effet
incisif, un enthousiasme éclatant sur son auditoire, sur le public.... Il s'élève, il ira jusqu'au
ciel, rien ne saura l'arrêter.... et lui dès lors ,
pauvre vaincu, il se sent déchirer jusqu'au fond
des entrailles. Au supplice qu'il éprouve, vient
se joindre la crainte redoutable des engoue-
ments de coterie, des partisans intrépides qui
emportent si vaillamment un succès. Puis, les
malveillants qu'on redoute pour soi, les mille
et un fléaux qu'on a en regard lorsqu'on dépend
du public, lorsque la récompense des labeurs
de la vie, tient à la fantaisie, au caprice, à l'ignorance de chacun.

Mais le destin sévère ménage parfois au talent
ainsi torturé, quelques jouissances qui décou-
lent de l'exagération même de ses propres soucis, et il éprouve une surprise mêlée de plaisir,
lorsqu'une froide analyse de la part de l'un ou
de l'autre, vient l'avertir que sa frayeur était
en partie vaine ; que le plus grand mérite a ses

adversaires; que pour les talents, comme pour toute autre sorte de supériorité, l'équité s'établit à la longue par le seul fait de la diversité des goûts; qu'on finit tôt ou tard par rendre la justice due au talent, et que, si la conscience du propre mérite fait éprouver de la mortification à cause de la dépendance où il se trouve du suffrage de la médiocrité, il éprouve une sorte de joie superbe, en songeant que si la compensation de la médiocrité est de pouvoir juger celui qui vaut mieux qu'elle, elle est obligée, en dépit d'elle-même, de l'admirer et de l'applaudir.

XXIV.

Le malheur!... le combattre pied à pied avec courage, ne pas se laisser abattre par lui et ne point chercher des consolations hors de soi, car personne ne saurait être juge compétent de

vos douleurs. Découvrez à votre meilleur ami
le fond de la blessure : bientôt, un mot, une
observation, un geste à faux, vous feront re-
pentir de votre abandon. Il faut savoir se replier
sur soi-même et envisager l'ennemi en face : il
est rare alors que le mal ne paraisse pas moins
redoutable qu'on ne l'avait jugé d'abord.

Le moyen le plus sûr pour rendre la douleur
supportable, c'est de penser à la brièveté de la
vie, à la rapidité avec laquelle tout s'altère, tout
passe, puis de tâcher de ne vivre que dans le
moment présent et laisser l'avenir et le passé
dans les mains de Dieu... Quelle est la douleur
alors qui pour un moment, ne soit pas supportable ?

XXV.

Les amis?.... je regarde le ciel, car c'est le
seul que je retrouve toujours à la même place.

Il y a des gens qui ne me veulent pas de mal ,
il y en a qui vont même jusqu'à se réjouir du
bien qui m'arrive : c'est assez , je les en remercie.... est-ce être trop exigeant ?

XXVI.

Il y a dans le grand monde, des femmes dont
le costume est inaperçu : il y en a d'autres dont
le costume est tout. Pourquoi madame de T....
attire-t-elle tant l'attention par sa parure, en
entrant dans un salon? C'est à qui comptera les
perles de son collier et le nombre d'agrafes
d'émeraudes qui rattachent les garnitures de sa
robe.

Les uns admireront la finesse de ses dentelles,
les autres la couronne de diamants qui orne son
front.... les journaux en parleront... Mais madame de T.... qui s'en occupera? personne. On

dirait une montre ambulante exposée par les bijoutiers pour attirer le public, en lui faisant admirer leurs talents.

S'est-on jamais avisé de remarquer le costume de lady H.....? a-t-on jamais été tenté d'observer si elle était à la mode ou non , si elle avait un chapeau au bal, ou un bonnet de l'année dernière? si elle était habillée de blanc, ou si elle portait une robe grise?... son costume passe toujours inaperçu devant les yeux.

Qu'on reste près d'elle, qu'on lui donne le bras , qu'elle traverse le salon, lady H.... est toujours lady H.... Elle est de tous les temps, elle va à tout le monde , son esprit et son visage cadrent avec une idée ou un sentiment de chacun; ses robes et ses coiffures deviennent une partie d'elle-même et s'harmonisent aux yeux de tous avec sa personne. On ne voit qu'elle, car tout ce qui l'entoure s'efface devant elle : c'est que lady H.... est sa propre parure et que madame de T.... est dans sa parure.

XXVII.

Il y a des gens qui, lorsqu'ils me rencontrent, m'assurent de leur amitié, et de leur dévouement; à leur effusion, à la manière dont leur main tremblante étreint ma main étonnée, on dirait que leur affection enthousiaste n'attend que l'occasion de m'être utile, pour se satisfaire : à les entendre, mon esprit, mon cœur leur sont si inconnus, ils en sentent si bien le prix !.... c'est un bonheur si rare que de telles rencontres dans la vie!... puis ils passent. L'année suivante, même rencontre, au bal ou ailleurs, et de recommencer.

Dieu me garde d'avoir besoin de mettre à l'épreuve de tels amis ! Tout ce dont je rends grâce au destin, c'est de ne pas les avoir pour ennemis.

XXVIII.

Se faire aimer de ses amis et craindre de ses
ennemis, est chose essentielle pour bien occuper
sa place dans le monde, mais il faut ne pas
découvrir aux uns tous les trésors de dévouement que vous leur réservez et mettre toute
prudence en usage pour cacher soigneusement
aux autres le point vulnérable par où ils peuvent vous attaquer avec avantage. Surtout, soyez
confiant en vous-même, sans arrogance ni fa-
tuité, car si vous leur découvrez une fois la
pauvre idée que vous avez de vous-même sur
bien des choses, ils vous prendront au mot, et
ils iront au delà. Cachez-leur donc vos faiblesses
autant que faire se peut et même certaines qualités, si vous voulez bien vivre avec eux, et ne
leur point donner de prise contre vous : surtout
soyez modeste, et jamais humble; car ils ren-
chériront toujours sur votre humilité.

XXIX.

Le charme de la simplicité et du naturel est
au-dessus de tous les mérites, dans une femme.
Un esprit médiocre, une éducation bornée, s'ils
sont accompagnés de manières vraies et affec-
tueuses, exciteront toujours plus de sympathie
que ces brillantes tirades où ces pointes d'épingles lancées par des bouches contractées ou gri-
maçantes, qui n'ont jamais connu le bonheur
d'oser rire aux éclats ; que ces femmes à prétentions qui tiennent leur esprit comme leurs traits
à la bride, crainte d'une incartade : dont les
idées, à force d'être étudiées et soumises à des
formes données, n'ont aucune puissance et sont
devinées d'avance ; et qui, voulant se donner
toute sorte de mérite, perdent le seul peut-être
que Dieu leur avait accordé, le naturel.

XXX.

Il y a des relations au monde qu'il est aussi dangereux d'éviter que de rechercher. Il faut les traiter comme les plaies de nature grave, auxquelles il est indispensable de donner des soins, mais qu'on ne saurait toucher de près, de peur de les envenimer.

XXXI.

Le monde s'empare des opinions toutes faites et telles qu'on les lui débite. Une anecdote se répand-elle sous telle ou telle couleur; bonne ou méchante, juste ou injuste, absurde ou raisonnable, il est rare qu'on la soumette à l'examen : la paresse d'esprit, et souvent ce levain de malignité naturel à l'homme, dispose à l'accueillir et à l'adopter sans examen. Il faut une rectitude courageuse de cœur, un amour ardent de la justice, pour aller jusqu'au fond des choses, et après leur avoir donné leur exacte valeur, affronter la sottise et la méchanceté, en essayant de rectifier leur jugement.

XXXII.

Combien de gens ne font jamais rien de bon que lorsqu'ils y trouvent un avantage personnel! Ceux-là ne comprennent pas qu'on puisse être entraîné vers le bien, par ce charme unique et inexplicable que Dieu y a attaché; qu'on puisse accomplir une action généreuse, mu par un sentiment de pure charité, par ce besoin de porter le calme au cœur qui souffre. Ils n'ont jamais senti, les malheureux, cette volupté de l'âme à se priver d'un plaisir pour

soulager une douleur ; et lorsque vous leur
dites tout cela, ne vous comprenant pas, ils
cherchent à découvrir en eux-mêmes un sentiment analogue aux vôtres, et vous supposent les
intentions qu'ils auraient eues en pareil cas.

XXXIII.

Toute supériorité doit être accompagnée de
cette certaine dignité généreuse qui dédaigne de
se faire valoir mesquinement aux dépens des
autres. Une grande simplicité, dans ce cas,
ajoute bien plus de valeur au talent que cette
inquiétude, cette crainte de n'être pas assez
aperçu, qui finit par pousser à des preuves *jac-
tancieuses* et ignobles d'un amour-propre,
humble et ambitieux à la fois. Il est plus difficile de porter avec dignité une distinction que
de l'acquérir. Il faut que l'homme qui en est revêtu ait assez de conscience de sa propre valeur,
pour savoir la mettre à l'écart et l'oublier.

XXXIV.

Ce qui nuit le plus à notre bonheur, c'est d'ignorer le sentiment juste de nos devoirs. Toujours occupés à en secouer le poids, nous augmentons sans cesse nos exigences envers les autres. Quelquefois nous agissons ainsi, guidés par un sentiment raisonné, mais la plupart du temps cela se fait sans y penser, et par instinct. Toutefois, comme cette disposition tient en éveil toutes nos susceptibilités, nous ne sommes jamais contents des autres : il y a toujours un sujet de plainte replié intérieurement, un sentiment secret qui blesse, et qui trouble même les plus chères affections du cœur. Tout en étant convaincu de faire trop de concessions et même de sacrifices pour les autres, nous sommes loin de connaître le terme équitable de nos devoirs mutuels, et nous ne les réglons que

d'après les prétentions de notre dévouement,
ou les exigences de notre égoïsme.

XXXV.

Il y a des esprits qui, comme la pierre d'a-
choppement, ont besoin pour être en valeur de
se mettre en contact. Aussitôt en présence, leurs
intelligences s'animent, le cours du sang se
presse, une certaine humeur guerrière les
saisit et ils sentent comme par instinct le besoin
qu'ils ont l'un de l'autre pour briller. Il arrive
parfois que l'un des deux sert de plastron à
l'autre; mais, dans ce cas même, cela ne les
empêche pas de se trouver en présence à leur
insu, et comme poussés par un esprit malin et
tant soit peu facétieux..... Vient-on à les rencontrer séparés, on est tout surpris de les retrouver dépouillés de leur verve étourdissante,
de leur gaieté caustique et de cette assurance

que donne le succès : ils sont ternes, aucun bon mot ne leur réussit. C'est que le fluide électrique qui les fait agir est absent, c'est que le cercle magique où ils peuvent se mouvoir est détruit, c'est que leur âme damnée n'est pas là.

XXXVI.

Lorsqu'on est lancé dans le grand monde, et que par son nom et son état de fortune, on se trouve placé au-dessous de la haute sphère, il est rare que l'orgueil soit de bon conseil et d'accord avec la dignité. Tantôt il a l'air de mépriser ce que l'opinion et le préjugé semblent mettre au-dessus de lui, ou bien il affecte un froid dédain comme pour prendre l'initiative des prétentions qu'il redoute. Mais que celui qui se trouve hautement placé, vienne à répandre ses rayons sur lui, qu'il lui tende la main..... aussitôt, ébloui, il partage le préjugé que naguère il paraissait mépriser; à son insu, il rend alors hommage à cette puissance qu'il est heureux d'atteindre, et l'orgueil se trouve bientôt transformé en une puérile vanité.....

La véritable dignité ne méprise pas plus la grandeur qu'elle n'est flattée de la partager.

XXXVII.

On fait souvent des concessions, mu par un sentiment intime de justice, dont on aime à dérober l'intention, de peur que les hommes n'abusent de notre bonté ou de notre équité. On préfère, dans ce cas, leur laisser croire qu'ils ont réussi par surprise ou bien que ces actes n'ont été que le résultat d'un mouvement irré‑ fléchi de bonté, plutôt que d'avouer un acte de justice, dans la crainte que celui qui en est l'objet, ne se croie revêtu d'un nouveau droit,

et ne s'avise de le faire valoir une autre fois mal
à propos.

XXXVIII.

L'orgueil, dans une nature d'élite, est un
équivalent de la vertu, moins pur à la vérité,
mais plus inébranlable; car il a pour auxiliaire
l'amour-propre, sentinelle vigilante qui ne dort
jamais. La plus sublime vertu faiblit parfois :
son essence divine, plus éthérée, plus pure
que la nature de l'homme, ne saurait s'identi-
fier avec lui, sans crise et sans combat. Mais
l'orgueil lui appartient; c'est lui. Toujours de
bon conseil pour sa dignité, hautement placé,
il le soutient dans les sacrifices à sa bonne renommée qu'il lui impose, et comme un géant à
la porte du sanctuaire, l'épée flamboyante en
main, il en défend l'entrée à la bassesse et au
mensonge. Il communique à l'âme une vigueur

soutenue et je ne sais par quelle roideur féroce
et tant soit peu amère, il lui apprend à **braver**
l'adversité, la délivre de cette mollesse qui la
fait plier à tout vent, et lui sert de rempart
contre l'injustice, l'oppression et la perfidie.

XXXIX.

Le mystère ajoute un nouveau charme à une
bonne action, lorsqu'il vient du peu d'importance qu'on y attache soi-même. Mais, lorsqu'il
est imposé par les autres comme inhérent au
bienfait et adopté par celui qui en est l'auteur,
comme une nécessité d'abnégation, il se trans-
forme pour celui-ci en une sorte d'affectation
qui recèle plus d'orgueil que d'humilité et devient tout profit pour ceux qui ne demandent
pas mieux que de ne pas savoir que le bien se
fait, afin de ne pas être obligés de le faire à
leur tour.

Il est à désirer, que les bonnes actions deviennent assez multipliées, pour qu'exposées à la clarté du jour, elles n'éblouissent pas ceux qui en sont témoins, et soient envisagées par celui qui les exerce, comme un simple devoir à remplir, auquel le mystère n'ajoute pas plus de mérite que la publicité.... Qui s'est jamais avisé de cacher ou de prôner sa quittance des contributions indirectes?.... Et pourtant il y a plus de mérite à s'acquitter de ce devoir, si tant il est, qu'il y ait mérite : car le souvenir du bienfait pour celui à qui il appartient est plus précieux que le bienfait lui-même. Et de l'autre, que reste-t-il?..... rien, qu'un peu plus de place dans la bourse.

XL.

Il est rare qu'on soit content des autres et de soi-même, en sortant d'un salon ; que la con-

science et l'amour-propre se trouvent également
en repos.

Il y a toujours souffrance d'une part ou de
l'autre : tantôt on a trop dit, tantôt on a manqué d'à-propos. Ici, par entraînement, par
désir de plaire à un médisant, on a médit avec
lui : là, un trait malin ou mordant vous a surpris sans être en mesure de le parer et est resté
accroché au cœur, comme la banderilla sur les
flancs du taureau. En tout cas, on sent qu'on a
toujours manqué d'être soi-même. D'ailleurs,
la crainte de blesser l'amour-propre de l'un, le
désir de plaire à l'autre, le soin continuel de
ne point s'écarter des minuties, des règles et des
bornes qu'impose la charte qu'on nomme po-
litesse, décolorent et affaiblissent le caractère,
on le sent et on en est secrètement humilié.

Les soucis de notre amour-propre, toujours
à l'éveil, toujours aux prises, soit qu'il brille,
soit qu'il se défende, nous portent à mettre à

haut prix de bien petites choses ; tandis que d'un
autre côté, la crainte de ne pas être compris ou
d'être jugé comme un esprit fantasque ou ridicule, par les gens qui ne vous comprennent
point, entrave et asservit les idées. Ainsi, avili,
enchaîné et la corde au cou, comme l'esclave
qu'on conduit au marché, l'esprit traîne l'âme
après soi, la presse, l'opprime, l'écrase, pour
qu'elle se tienne coi en face de la médiocrité ;
et lorsqu'en sortant de cette lourde atmosphère, elle respire et se redresse en face du ciel
et des étoiles, elle sent tout l'avilissement auquel elle s'est soumise volontairement et ne se
le pardonne pas.

Le cœur, bien que plus rarement en jeu dans
cette sorte d'arène, attrape parfois des coups
de stylet d'autant plus meurtriers, que n'étant
pas sur son terrain, il n'est pas préparé à la
lutte et reçoit les blessures, sans avoir songé à
les parer..... Un homme que vous avez cru
votre ami, soit qu'il joue le personnage poli-

tique, soit qu'il se trouve absorbé par quelque intérêt puéril de vanité, vient-il à passer devant vous et vous regarde-t-il à peine? vous salue-t-il froidement sans s'approcher de vous? par ses manières, tout devient-il étranger entre lui et vous?.... On éprouve un mouvement de dédain : cela ne vaut pas mieux ; mais en secret, le cœur en souffre..... Plus loin, telle femme que vous avez crue jusqu'alors bienveillante pour vous, que vous commenciez à aimer, affecte-t-elle de ne pas vous voir et tourne-t-elle le dos, lorsque vous passez devant elle ?...... Et cela, pourquoi?..... Oh! misère! parce que vous avez une robe neuve, qui vous sied bien!... Certes, le plaisir de la coquetterie satisfaite alors, n'étouffe pas le regret d'une illusion perdue. Il est vrai que souvent, pour consolations à tant de maux, on emporte le doux soupçon d'avoir paru belle...... mais cette sorte de jouissance n'est pas plus durable que la fraîcheur de ces fleurs sans racines qu'on plante dans du sable, sur le bord d'un riche vase de porcelaine.

XLI.

L'autre jour, T.... a eu la franchise de convenir qu'il avait fait un beau drame, et tout le monde après son départ, de se récrier sur sa naïveté et sur sa jactance. Pourtant, il n'y a pas un de ceux qui le blâmaient, bien que tous débordassent de modestie, capable comme T... dans l'occasion, d'analyser consciencieusement un de ses ouvrages, de le condamner sans pitié, et d'être ainsi assez ferme pour porter lui-même la main d'un autre sur sa propre plaie. Mais, certains hommes sont très-habiles à démêler les petits ressorts des passions vulgaires et à réduire les grandes choses, à leur petite mesure. Certes, ce n'est pas ceux-là qui s'écarteront des règles convenues : aussi, c'est à eux d'être sages ; mais, à coup sûr, ils ne seront jamais grands.

XLII.

On rencontre souvent dans le monde, de ces esprits rangés, qui, à force de tenue et de peu de paroles, cachent leur médiocrité, et qui, semblables à de certaines gens d'ordre et de calcul, parviennent à faire valoir leur petite fortune, au point de faire croire qu'ils sont riches. Mais qu'un jour une circonstance au-dessus de leur portée, vienne à dévoiler leur pauvreté, un seul trait brise alors le souvenir et l'espérance. Le prestige s'envole, la comédie devient une farce. L'homme est jugé, classé : il ne se relèvera plus.

CAUSERIES DE SALON.

I.

J'ai passé une triste journée : une impression
pénible m'a accompagnée partout , au spectacle,
dans le monde..... Chez la marquise de T... je
me suis trouvée, au milieu de ce brouhaha ,
qui, s'il n'a pas le pouvoir de nous amuser, a
toujours celui de nous étourdir. Là, parfois,
comme lorsqu'on rencontre sur la terre étran-

gère un compatriote, on se trouve au coin d'une
croisée ou dans l'étroit passage d'une porte, en
face d'un ami ; et ici comme là, on éprouve
cette joie du cœur qui nous arrive, en retrouvant un bien qu'on a cru perdu.

Dans le salon de madame de T... tout le
monde parlait à la fois... de quoi ? Personne
ne saurait le dire, car celui qui interroge n'attend pas la réponse, et celui qui répond sait à
peine ce dont il fut question. Le bruit, la chaleur, l'éclat des lumières, la distraction des
yeux qui voudraient tout saisir, tout embrasser, et par-dessus cela, cette foule de vulgaires
prétentions dont chacun est boursouflé, nivelle
les esprits : tout devient médiocre, petit, hors
la vanité, et si quelqu'un persiste dans son bon
sens, c'est celui qui, jetant toute cette défroque
de puérilités grotesques, reste *lui-même*, se
place souvent à l'écart, observe, rit parfois
sous cape et ne dit mot...... Voilà à quoi je
pensais, dans un coin, en voyant tourbillonner

autour de moi, cette fourmilière ailée aux brillantes couleurs : mais je ne riais pas, bien au contraire, je cherchais à me rendre compte du motif qui, au milieu de tant de gaieté, d'éclat et de magnificence, isolait mon âme et la séparait par un voile de deuil, de tant d'orgueilleuses misères.... C'est que j'avais vu le matin, Dar... avec sa mine jaune et amaigrie, sa lèvre soucieuse et son regard inquiet. Il se plaignait du sort.

« J'ai quarante ans, disait-il, et depuis vingt ans, j'ai toujours eu à me plaindre de ma destinée. Rien ne me réussit, et si quelque éclair de bonheur vient éblouir mes yeux, à peine je m'avance pour le saisir, qu'il m'échappe et la plus complète obscurité lui succède... Quel est donc ce malin esprit qui me poursuit et pourquoi la destinée est-elle inexorable pour moi?... » Les paroles de Dar... me faisaient souffrir. Je lui suis attachée, et m'eût-il été indifférent, il m'aurait également inspiré de l'intérêt, car il était

vraiment malheureux. Je le consolai de mon
mieux, puis quand il fut parti, je cherchai à découvrir la cause de cet anathème insistant, qui,
comme un fléau, brise à chaque pas l'existence
de certaines personnes et je me dis : Le sort
qu'on accuse dans ce cas n'est pas une puissance
réelle et mystérieuse, mais le simple résultat de
la conduite de l'homme et de ses propres actions ;
c'est le résumé de sa vie telle qu'il l'a faite. C'est
lui qui détermine la chance, selon le degré de
force ou de mollesse qu'il oppose, non à ses
passions, mais à sa passion dominante : c'est
celle-là qui fait sa destinée, sa *mauvaise étoile*,
c'est son défaut saillant, c'est le *tic* moral, qui,
comme l'endroit faible dans l'organisation du
corps, a besoin de continuels ménagements, sous
peine que mort s'en suive....... et l'un et l'autre,
vrais vedettes de l'autre monde, finissent tôt
ou tard par nous y conduire, pieds et poings
liés.....

Ainsi, le sort, dans ce cas, est un mot vague

et prestigieux qui plaît à l'imagination, parce que la plupart du temps, il nous sauve de toute responsabilité, et que, dans les contrariétés de la vie, il sert de soulagement à notre dépit ; mais il n'est autre chose que cette éternelle tentation qui nous est imposée, pour exercer nos forces morales et dompter notre orgueil ; la vaincre, c'est la tâche qui nous est imposée, car d'elle dérivent toutes nos vertus, tous nos vices et malheurs.

C'est en caressant avec mollesse ce penchant meurtrier, c'est en n'osant pas résister à l'incessante épreuve, qu'on fixe sa destinée... Repassons dans la mémoire du passé, depuis les héros et les monstres que l'histoire nous révèle, jusqu'aux personnes qui forment notre entourage intime et habituel, nous trouverons partout qu'ils ont péri ou périssent par le défaut dominant, qui, comme le simnote électrique, s'il parvient à s'emparer complétement de nous, tord, convulse l'âme, la brûle, la consume, persiste

malgré la volonté et nonobstant la douleur crois-
sante, ne permet pas de lâcher prise, bien au
contraire, la force à l'étreindre de plus en plus,
puis... la mort... L'ambition, le goût des plaisirs
sensuels, la vanité, l'orgueil, la faiblesse ou l'in-
flexibilité de caractère, ont été les compagnons
inséparables des unes et des autres ; suivons pas
à pas la trace de leur vie et nous trouverons dans
chacun de ces éléments, la cause directe ou in-
directe de leur ruine ou de leur mort... Or, que
nous reste-t-il à faire, pour vaincre ce puissant
démon? — C'est de nous y attaquer de bonne
heure. Nous sommes plus forts que nous ne le
croyons, c'est le *mauvais* vouloir plutôt que sa
faiblesse, qui rend l'homme lâche à la lutte contre un mauvais penchant.

*Et lorsqu'en tombant dans l'abîme, nous
disons à Dieu, pourquoi nous as-tu faits si
faibles?* Il répond à nos consciences : *Je vous
ai faits trop faibles pour sortir du gouffre,
parce que je vous fais assez forts pour ne pas*

y tomber (1). Une légère victoire obtenue sur soi, donne la force d'en obtenir de plus grandes, la volonté se retrempe, l'âme s'élève, le combat devient facile, le triomphe sûr. *Un des avantages des bonnes actions*, a dit un grand philosophe, *c'est d'élever l'âme et de la disposer à en faire de meilleures.*

La visite de ce pauvre Dar.... et les réflexions qui s'en étaient suivies avaient répandu cette teinte de mélancolie dans mes idées qui m'absorbaient encore malgré moi au milieu du bruit, et des saluts et révérences, qui, comme les visions d'une lanterne magigue, se succédaient devant moi.

Dar.... ne manque pas de qualités, mais il est vain et paresseux à la fois ; et tout en essayant des routes diverses pour parvenir, il n'a jamais eu la force de rien mener à fin, et rebute habituellement ceux dont il a besoin, par la convic-

(1) Rousseau, *Confessions.*

tion de son propre mérite, qui le porte à demander sur le même ton qu'un autre pourrait prendre.

En l'écoutant le matin, j'aurais peut-être dû
m'acquitter d'un devoir d'amitié, en lui donnant
quelques sévères conseils ;.... mais il était si
malheureux, que je n'en avais pas eu le courage :
je n'avais songé qu'à le consoler de mon mieux.....
Et pourtant n'aurais-je pas mieux fait ?....

Dans ce moment, je fus tirée de ma préoccu-
pation par M. de Melcour, qui, se disposant à
s'asseoir près de moi, me dit :

— «Vous n'avez pas l'air de prendre part à la
fète, ce soir ?»

— «C'est vrai, je ne sais pourquoi certaines
joies collectives ont le secret de m'attrister. »

— « Ne point partager le sentiment qu'on inspire est une sorte d'ingratitude, et vous ne dou-

tez pas, madame, du charme que votre présence ajoute à nos plaisirs.... »

La conversation continua encore quelques instants sur ce ton ; et comme je n'étais que polie, M. de Melcour ne tarda pas à s'éloigner.

Je restai près d'une table à feuilleter machinalement quelques albums et keapsakes, excellente ressource pour les gens ennuyés ou embarrassés dans un salon. Bientôt M. de Melcour se rapprocha, puis il s'éloigna, puis il revint. Mais, soit que je fusse plutôt embarrassée que flattée de ses compliments, soit que sa conversation ne me fût pas sympathique, je tombai bientôt dans un état complet de distraction, et fis si bien dans mes réponses hors de sens et mes monosyllabes hasardés çà et là, que, rebuté, M. de Melcour finit par s'éloigner, et ne plus revenir.

Je restai donc maîtresse de moi même ; mais,

bien qu'isolée, je ne manquai pourtant pas d'occupation.

Accoudée à l'autre extrémité de la table, se
trouvait madame de C....; elle était entourée de
cinq à six hommes, les écoutait tous avec une
égale complaisance, trouvant un mot, un regard
pour chacun d'eux, ayant l'air d'entendre finesse
là où moi je n'entendais rien ; et à force de faire
à tour de rôle parade de leur esprit, la conversation devint inintelligible, et leur petite coterie
une vraie tour de Babel. Madame de C...... tenait tête à tout, et si un de ses esclaves faisait
un pas pour s'éloigner, fût-il le moins amusant
de tous, une certaine anxiété s'emparait d'elle ;
aussitôt tous les frais l'avaient exclusivement
pour objet, jusqu'au moment où elle s'en assu-
rait de nouveau.

Elle était en vérité, chose curieuse à voir. Quel
mouvement ! quel habileté à faire jouer ses ressorts secrets de coquetterie ! Et dans de si petites

proportions, quelle immense ambition !..., Mais aussi, Dieu de miséricorde, quel rude métier! Comme les muscles de son visage devaient être las et son corps brisé, à la fin d'une telle journée!

J'étais occupée à l'observer et à la plaindre lorsqu'elle se pencha vers moi, et d'un ton amical me dit :

— « Je parie que M. de Melcour vous a ennuyée? »

— « C'est vrai. »

— « Eh bien! ma très-chère, vous avez tort. »

— « Tort, de quoi? »

— « De vous écouter. »

Je la regardai. Elle continua.

— « Permettez-moi de vous donner un conseil.

Il ne faut jamais rebuter qui que ce soit dans un salon, parce qu'il vous ennuie. Soyez brave, et laissez-vous assommer; car ce qu'il y a de plus malheureux pour une femme dans le monde c'est d'avoir l'air d'être délaissée. »

Je la remerciai, en lui promettant de suivre son exemple, aussitôt que je m'en sentirais le courage....

— «Oui», reprit-elle, comme préoccupée toujours de la même idée, et oubliant son entourage qui se dispersa insensiblement; oui, chère belle, il n'y a pas de sacrifices que certaines femmes ne soient prêtes à faire pour qu'on les voie entourées et recherchées dans le monde; et tel manége, dont la seule pensée le matin, entourées de leurs enfants, ferait rougir leur front de honte ou de remords, leur parait tout naturel le soir, lorsqu'elles sont enivrées par la chaleur des lumières et par le fumet de la vanité.... Tenez, voyez-vous là-bas, auprès de la cheminée, sur un canapé, cette femme élancée, aux grands yeux bleus, aux lèvres dédaigneuses, à la pose négligée, flanquée de deux jeunes gens, dont l'un rit aux éclats de ses propos, et l'autre, le regard doucement attaché sur elle, semble jouir de ses paroles, et s'approcher d'elle pour mieux l'entendre?... Eh! bien! cette femme est tendrement aimée de T... et le paie de retour; mais dans la crainte, si on vient à savoir que son choix est fait, de voir disparaître la foule d'adorateurs qui l'entoure, elle tourne T... en ridicule, a l'air de s'en moquer, et le couvrirait de boue, s'il le fallait, pour éviter tout soupçon qui puisse la compromettre vis-à-vis ses autres prétendants. »

— « Mais, madame, lui dis-je, c'est une indigne et lâche turpitude... Vous vous trompez sans doute? »

— « Oh! que non. Vous n'êtes pas au bout, mon enfant. Tenez.... justement.... »

Et après un moment de silence, elle reprit :

— « Avez-vous remarqué cette petite personne qui vient de passer devant nous, gaie, rieuse, qui joue l'originalité, et se donne un si grand mouvement pour absorber l'attention de ce grand jeune homme, pâle et mélancolique, qui lui donne le bras? On la croirait exclusivement attachée à lui, car toutes les puissances de son âme semblent concentrées sur lui; et pourtant elle ne l'aime pas, elle en est au fond, embarrassée. Mais celui dont elle s'empare ainsi est lié depuis quelques années avec une jeune veuve. La plus violente passion l'attachait à elle, lorsque la petite baronne a trouvé fort piquant de l'en distraire, pour s'en faire un ornement dans le monde. Insensible aux tortures de la pauvre femme délaissée, elle redouble d'habileté quand elle se trouve dans le même salon; et affectant alors une certaine retenue, moitié mélancolique, moitié indifférente, elle excite à la fois l'irritation et l'inquiétude dans le cœur de l'infidèle, et l'entraîne plus sûrement à ses pieds. A la suite de tous ses chagrins, madame de Vem... a fait une grave maladie ; il y a très-peu de jours qu'on la revoit dans le monde, où poussée par une invincible attraction, elle vient traîner sa chaîne, le front couvert de douleur et d'affronts..... Mais, tenez, la voilà à l'autre extrémité du salon. Voyez-la, debout, appuyée contre la porte, et sa blanche peau fine et transparente, et ses longs yeux noirs à demi-voilés par la langueur...... On dirait une belle de nuit qui se referme à la lueur du jour...... Voyez quel abattement dans sa pose, quelle immobilité, quelle indifférence apparente ! Et pourtant cette femme est blessée à mort, car elle ne peut arracher de ses entrailles celui qui l'a trahie ; et le cœur saignant, elle est contrainte à le suivre partout, pour offrir son supplice en holocauste à sa rivale..... Mais je m'aperçois qu'ils m'échappent tous. Marquis, marquis !.... A revoir, chère belle... nous reprendrons plus tard la conversation..... Marquis, marquis ! »

Et madame de C... s'élança comme une fusée dans la foule, où je la perdis de vue.

II.

— « Vous attendrissez-vous facilement? » demandait madame V. à son amie, hier au soir.

— « Facilement, non, mais parfois. »

— « Par exemple!... »

— « Au récit d'une action tragique. »

— « Et voilà tout ? »

— « Voilà tout. »

— « Pourtant un trait de générosité, la joie instantanée d'une pauvre créature qui a toujours été malheureuse, les accents passionnés d'une voix vibrante, des paroles d'amour? »

— « Tout cela me fait plaisir, mais ne m'attendrit pas... Que voulez-vous, chère, je ne sens qu'une corde dans mon âme, dont la vibration produise des larmes. »

— « Eh! bien, moi, je suis plus heureuse ou plus malheureuse que vous, car il y a une foule de sensations subites dont je ne suis pas maîtresse et qui me plongent souvent dans l'*agonie des larmes réprimées*... Je ne saurais vous dire, par exemple, les deux dernières sensations de ce genre que j'ai éprouvées; car, à coup sûr leur bizarre rapprochement exciterait ».....

— « Mais non, dites, dites, vous savez que depuis longtemps, je vous ai comparée à une harpe éolienne, exposée au vent. »

— « Je veux bien m'abandonner volontairement à vos plaisanteries, pour vous être agréable, au risque d'être obligée de rougir d'un bon sentiment ; mais, gare aux représailles !... »

— « Dites toujours, je veux en courir les risques. »

— « Eh bien ! il y a seulement deux mois que j'ai vu pour la première fois, la mer de glace.... étourdie devant ce magnifique spectacle, je fus saisie d'une sorte de vertige. Mon cœur se prit à battre, ma poitrine se gonfla, mon admiration ressemblait presque à de la peur, mes yeux se mouillèrent et je finis par pleurer tout de bon... puis... mais je vous vois venir.... »

— « Je vous en supplie, chère belle, continuez. »

— « N'importe, je vous y attends. Je revins à Paris et j'éprouvai une sensation analogue, un attendrissement indéfinissable, je sentis des larmes à mes yeux, enfin... devinez à propos de quoi... en voyant danser Taglioni!... Ah! nous y voilà, n'est-ce pas! »...

— « C'est bizarre, » dit madame D., d'un air étonné.

— « Ah! madame, c'est bien fort, » s'écria M. P. qui, non loin des deux dames, écoutait leur conversation...

— « Une pirouette vous fait pleurer! vous voulez plaisanter! »

— « Mais non, ce n'est pas cela, écoutez-moi et vous allez me comprendre... »

— « Madame a raison » reprit aussitôt le comte Ch. gravement et d'un air capable.

— « Je comprends à merveille son idée... en voyant danser Taglioni, elle a pensé qu'ayant

16.

tant de grâce, elle devait naturellement posséder un caractère aimable ! »

— « Mais monsieur le comte, vous n'y êtes
pas !... »

— « Oh ! que oui, je vous comprends !...
C'est ce que j'éprouve moi-même, lorsque, par
exemple, j'entends chanter Tamburini. Je me
dis aussitôt : « Cet homme-là doit être un brave
garçon, un bon père de famille, et cela me fait
un certain plaisir... Eh ! oui, cela me fait un
vrai plaisir !... »

— « Mais., au nom de Dieu, monsieur, ce
n'est pas cela, vous n'y êtes pas ! En contem-
plant la danse de Taglioni, c'est le beau que
j'admire, la personne n'y est pour rien ; c'est
l'art, c'est la perfection de l'art, arrivée au
plus haut degré que mon imagination ait pu
concevoir, qui me surprend et me saisit ; c'est
ce beau, ce grand idéal atteint, qui dans la na-

ture comme dans l'art, agrandit, élève mon âme et produit cet enthousiasme qui se révèle par des larmes. »

Table de Whist, N° 1.

UN JOUEUR.

— « Moi, je vous comprends à merveille, madame. »

MADAME DE V...

— « Merci, monsieur. »

MÊME INTERLOCUTEUR.

— « Troisième robe. »

MONSIEUR P...

— « Ah! madame de V., c'est la première fois

que j'entends dire que la danse fait pleurer.
Quant à moi, je vous assure que lorsque mademoiselle Taglioni lève la jambe, je n'ai nulle
envie de pleurer. »

MADAME DE V...

— « Monsieur, cela prouve seulement que
nous ne voyons pas les choses du même œil. »

Une dame venant de la chambre voisine et
minaudant :

— « Je vous préviens, madame, que vous
donnez des distractions aux joueurs de whist.
Je vous assure que dans le nombre, il y en a
qui vous approuvent, mais aussi d'autres qui
vous donnent tort. »|

Madame de V... en souriant :

— Cela se peut, mais ce qu'il y a de certain,

c'est que je n'ai ni le désir ni l'intention de ramener personne à mon avis. Celui qui ne m'a pas comprise tout de suite ne me comprendra jamais. »

UNE VISITE

A LA RUE SAINT-JACQUES.

Une des précieux avantages de l'amour des
arts, est de nous inspirer de l'attrait pour le
mérite partout où il se trouve, et de développer
ainsi nos idées et nos sentiments sur un terrain
plus vaste, en nous rapprochant de tous les
rangs de l'échelle sociale. L'habitude de vivre
exclusivement avec une classe, rend les idées

étroites. Ne pouvant connaître les pensées et les sentiments des autres que sous une forme, l'esprit se resserre dans un trop court espace, et comme une plante privée d'air, languit et se décolore. L'âme soumise à l'obéissance d'un code étroit de conventions puériles, et toujours en présence d'une observation exigeante et tenace, ne songe pas même à s'écarter du cercle qu'on lui a tracé. Occupée ainsi exclusivement de préjugés mesquins, de frivoles convenances, elle est incapable de nobles et grandes émotions, se rapetisse, se dessèche et devient vulgaire.

Le drame de la vie éclot rarement en serre chaude ; ce n'est qu'au sein de l'immense Océan, en face des tempêtes, à la merci de la foudre, qu'on le rencontre.... C'est là que désolé, les yeux étincelants à travers les larmes, les cheveux flottants et l'éclair tourbillonnant sur sa tête, il attend la justice des hommes et la miséricorde de Dieu.... Voilà ce que je me disais hier au soir, enfoncée dans mon grand fauteuil,

les pieds sur les chenets, à l'heure où je me
rends compte ordinairement de l'emploi de ma
journée, du temps perdu, du mal et du bien
que j'ai fait.

Le matin, la pluie tombait, l'air était froid
et humide. En me réveillant, j'avais senti mon
cœur triste et ma poitrine oppressée. Je me crus
malade, comme d'habitude, lorsque le soleil est
caché et le ciel couvert.... Ma femme de chambre
m'offrit de l'eau de fleur d'orange et je crus
revoir de nouveau le ciel sans bleu et sans
soleil..... Catherine est une bonne fille, mais
elle ignore que l'eau de fleur d'orange, excellente découverte, d'ailleurs pour calmer les
nerfs, n'est efficace que pour les gens du nord.
Nos calmants à nous sont d'une autre nature....., la vue des étoiles qui éclairent comme
la lune...., le chant des oiseaux et les harmonies
de la brise. — « Merci, mon enfant. Donnez-
moi mes lettres. » Elle m'en apporta cinq :
toutes insignifiantes, hors une. Elle était d'une

femme artiste qui me demandait du secours. Ayant été retenue au lit, pendant deux mois, par une grave maladie, elle avait épuisé toutes ses ressources et n'avait plus rien, absolument rien ; mais elle n'était nullement à plaindre et ne me demandait que fort peu de chose : *le pain, l'eau et le feu*, pour ne pas **mourir** avant quinze jours, temps indispensable pour finir un roman, deux drames, une ode à Bolivar et une aquarelle au moyen desquels, elle allait devenir riche et heureuse, etc. La lettre était fort bien écrite du reste, et annonçait que l'auteur avait été bien élevé. La candeur et la conviction de ses expressions et surtout tant de misère et tant d'espérance, à la fois me touchèrent.

Aussitôt, je fis venir mon factotum et le priai d'aller à l'adresse indiquée, s'informer secrètement si l'existence de la personne en question était réelle. Les renseignements étant conformes à la lettre, je réunis quelques hardes, fis venir une voiture de place et m'acheminai vers ma muse embourbée, en songeant que mon léger coup de main lui paraîtrait plus efficace, accompagné de ma visite.

La pluie tombait par torrents, le vent furieux ébranlait les **cheminées**, emportait les parapluies, renversait tous les auvents des boutiques. Mon vieux cocher, le nez rouge, la face piteuse, le manteau en désordre, se donnait le plus grand mouvement pour exciter à avancer ses chevaux, qui, bien que d'une nature hétérogène, puisque l'un était blanc et l'autre noir, cherchaient par une certaine sympathie à s'appuyer l'un sur l'autre pour résister debout au choc du vent. Pour surcroît d'embarras, le brave homme (le cocher), s'était avisé de se ménager dans ses courses, comme moyen de distraction, la compagnie d'un petit chien, que, pour en être plus sûr, il avait mis dans sa poche, et qui, le museau en l'air, hurlait et se démenait comme un possédé...

Enfin, après avoir traversé un des plus sales

quartiers de Paris, j'arrivai non sans peine, avec mes vieux chevaux, mon vieux cocher et son petit chien, saine et sauve, devant une petite porte, fermée par une grille en bois. Je descendis : point de portier. Une allée étroite et malpropre se présenta devant moi, je la suivis. A quelques pas, j'aperçus à ma droite une porte, et en face un petit escalier sombre... Je n'étais pas très-rassurée... mais je me rappelai que les pauvres n'habitent pas des palais, et je continuai. Je savais que la *diva* que j'allais voir demeurait au cinquième étage, mais pour bien m'assurer que je ne m'étais pas trompée, ainsi que pour me mettre, en quelque sorte, en relation avec quelqu'un de la maison, je sonnai au premier, et demandai madame G...

« *Au cintième.* »... Et on me ferma la porte au nez. Bon : je continuai, non sans m'arrêter plusieurs fois, tantôt pour poser avec précaution mon pied mal assuré, sur les fentes et inégalités des marches dans l'obscurité, tantôt

pour prendre haleine... Parfois, j'étais saisie
d'une frayeur soudaine. Il y a dans ces sortes
de démarches, quelque chose d'aventureux qui
fait battre le cœur d'une femme. Mais la perspective d'un doux devoir à remplir, et la cer-
titude de porter à peu de frais la joie dans un
cœur qui souffre, excitent un certain courage à
persister. Il semble que l'âme éprouve alors une
sorte de volupté à vaincre tous les dangers,
toutes les répugnances, pour rendre l'œuvre
plus méritoire.

J'atteignis enfin un petit palier, et au toit et
aux canaux des gouttières que j'aperçus par la
fenêtre, je conclus que j'étais à la porte d'une
mansarde, qu'on appelait dans la maison, *le
cinquième*... Où la vanité va-t-elle se nicher?...
Le mur délabré qui se trouvait en face de l'escalier, était tout barbouillé de lignes et de
dessins bizarres et fantastiques : des spectres
hideux, échevelés, et à côté des têtes d'anges
et de jeunes filles, entourées d'auréoles, ou de

flammes et couronnées de feuilles de pampre ;
tout cela mêlé à grand nombre de taches de
vétusté , de charbon et d'autres. Après un instant de repos, je cherchai la sonnette : il n'y
en avait pas. Je frappai doucement à la porte.
Une femme vint m'ouvrir, et m'invita à entrer.
L'odeur fétide qui s'exhalait de la chambre , me
retint un moment comme clouée au seuil ;
mais je combattis ce mouvement de répugnance
et suivis la personne qui m'avait ouvert.

Elle était seule (c'était ma diva). Elle était
grande, fortement constituée , élancée et pouvait avoir de trente à quarante ans. La robe de
toile dont elle était couverte et dont il aurait
été difficile de deviner la couleur primitive,
était en lambeaux : les deux manches percées à
la place du coude, avaient trois ou quatre dé-
chirures, qui, se prolongeant jusqu'aux poi-
gnets, découvraient en plusieurs endroits d'assez beaux bras. Un morceau entièrement
enlevé et pendant sur le côté de la jupe, lais-

sait entrevoir une sorte de jupon, jadis violet,
que je soupçonnai sur elle sans intermédiaire,
attendu que le corsage de sa robe négligemment
entr'ouvert, annonçait évidemment qu'elle n'a-
vait ni chemise, ni collerette en dessous. De
vieilles pantoufles en prunelle grise, qu'elle
traînait à ses pieds, étaient insuffisantes à cacher les trous de ses bas. Sa chevelure noire et
très-belle, se trouvait dans le plus grand désordre. Une épaisse forêt de longues boucles
tombait çà et là sur son front et sur son cou et
encadraient un visage dont la physionomie ouverte, le teint bistré et chaud, les yeux brillants
et spirituels et les lèvres fraîches, tout cela
embelli d'un gracieux sourire, apparaissaient
comme un rayon de soleil dans un noir cachot.
Tant de force et de beauté avaient lieu de me
surprendre. J'étais habituée à voir la misère
sous un autre aspect et j'aurais pu me croire
dupe, sans ce costume et cet entourage
qui attestaient le dénuement le plus complet.

La chambre où je me trouvais était un réduit
de douze pieds carrés qui servait d'habitation à
la pauvre femme et à son mari. L'air y péné-
trait rarement, à en juger par l'odeur nauséa-
bonde qui s'en exhalait. L'ameublement consis-
tait en un lit de bois avec une simple paillasse,
trois mauvaises chaises de paille, quelques petites gravures sans cadre, attachées au mur
avec de grosses épingles; et emboîtée entre le
mur et les carreaux d'une sorte de lucarne une
table encombrée de manuscrits, brouillons,
dessins et aquarelles commencées, deux ou
trois vieux livres, un verre cassé servant d'en-
crier et quelques tablettes de couleur, répan-
dues çà et là. Point de feu, pas même de cen-
dre dans le foyer... et nous sommes dans les
premiers jours de décembre!

« Mon Dieu, madame, me dit-elle en m'of-
frant une chaise, après toutefois en avoir fait
l'essai, en s'appuyant fortement des deux mains
sur le dossier... mon Dieu, que vous êtes bonne

de monter tant de marches pour venir voir une pauvre femme dans la peine ! »

J'étais gauche d'abord et ne savais comment m'y prendre, pour lui offrir le léger secours que je lui apportais. J'ai toujours été plus embarrassée en pareil cas, devant un malheureux, que dans tout autre, devant un grand de la terre. Je plaçai donc mon petit fardeau de côté et j'adressai à madame G... quelques questions sur sa position.

— « Je suis née en Italie, me dit-elle et j'y ai été élevée jusqu'à l'âge de quinze ans. Ma mère était Française, et mon père Milanais et colonel au service de France, comme l'attestent les papiers que voilà. » Et elle retira du tiroir de la table, plusieurs liasses de papiers qu'elle me donna ; puis, continua : « Ma mère avait la poitrine délicate, ce qui nous obligea à passer trois années de suite, la saison des eaux, aux Pyrénées. C'est là où je pris un goût exclusif pour la peinture. Je faisais déjà des vers. Ma passion pour la poésie, le spectacle varié et grand de la nature, sous mes yeux, ces belles montagnes, ces neiges éternelles, ces sites sauvages exaltèrent mon imagination. La peinture, la musique, la poésie, j'aurais voulu tout cultiver, tout dévorer à la fois. Mon ardente ambition aspirait à tous les talents ; mais hélas ! l'état de santé de ma mère et notre fortune si bornée ne me permettaient pas d'avoir longtemps des maîtres et si j'ai fait des progrès dans la peinture et dans la musique, c'est plutôt à mon instinct qu'aux conseils que j'ai reçus, que je les dois. J'avais une belle voix de contralto : dans mes longues courses, je me plaisais à chanter sur le haut des montagnes ; je faisais des vers, puis je les enchâssais dans des airs bizarres que j'improvisais en face du ciel et des sombres forêts de pins ; et lorsque j'entendais ma voix résonner dans les creux des rochers et que l'écho, en la répétant à l'infini, semblait la porter en bondissant dans des mondes nouveaux, un

attendrissement inexprimable, une sainte terreur
s'emparait de moi... Que vous dirai-je, madame ?
c'est de là que vient cette passion de la poésie
et des arts qui m'a aidée à supporter toutes les
horreurs de la misère. Je perdis mes parents et
je restai sans un sou. J'épousai alors à Lyon,
un homme doux et honnète qui avait une petite
place dans les vivres. Bientôt les événements
politiques l'en dépouillèrent et nous restâmes
réduits à une extrème pauvreté ; mais je ne me
sentis nullement découragée. Dans mes loisirs,
j'avais bien employé mon temps. J'étais convain-
cue de pouvoir me faire un bel avenir.

— « Quelles étaient donc vos espérances ? »
lui demandai-je.

— « Un grand nombre de pièces de vers, un
mélodrame fini et plusieurs déjà commencés ;
puis, au pis aller, assez d'instruction pour devenir gouvernante, ce que je regarde pourtant
comme le dernier parti à prendre, car, je ne

suis pas sûre de pouvoir supporter la dépendance. Mais pour pouvoir mettre à profit mon
travail, il était indispensable de venir à Paris.
Nous y parvînmes, non sans peine. Aussitôt, le
cœur plein de joie et d'espérance, je fis les dernières corrections à mon mélodrame. C'était le
plus beau sujet, le plus moral, tout à fait hors
de la route infernale des spectres et des monstres,
où l'on se plaît à nous égarer aujourd'hui et
capable par son succès dont je n'avais jamais
douté....... »

— « Vous l'avez donc fait jouer ? »

— « Hélas ! non, madame, il m'a été volé.... »

— « Et comment ?...

— « Voici le fait : Étant arrivée à Paris depuis
peu de jours, n'y connaissant personne et pres-
sée par la misère, je me décidai à écrire à ***,
premier acteur alors au théâtre de la Porte-

Saint-Martin. Il vint me voir. Je lui expliquai ma position, et lui fis connaître mon mélodrame. Il en parut charmé, et me demanda la permission de l'emporter pour le faire lire au comité, me promettant de me le rapporter trois jours après. En songeant que je n'en avais pas de copie, j'éprouvai un mouvement d'hésitation. Il s'en aperçut; et lorsque je lui en dis la cause, il me promit d'en avoir le plus grand soin, le mit aussitôt dans sa poche, et partit. Huit jours se passèrent sans que M*** reparut. J'étais talonnée par le besoin, et lui écrivis lettre sur lettre; mais toutes restèrent sans réponse. Je compris qu'il ne me restait qu'un parti à prendre, c'était d'aller moi-même chez lui ou chez le directeur du théâtre. Mais, hélas! je n'avais ni robe, ni chapeau, ni souliers, pour me présenter nulle part. »

— « Et pourquoi n'envoyâtes-vous pas votre mari? » lui dis-je.

Elle hocha la tête, puis continua :.....

— « C'est que, voyez-vous, madame, la misère, qui chez moi excite le courage, le fait plier comme un arbrisseau battu par le vent du nord. Faible et souffrant, il n'avait plus la force de sortir du lit depuis quelques jours..... Mais, madame, tout cela doit vous paraître bien pénible à entendre ! Les malheurs de la misère sont si repoussants !... »

— « Mais, non ; je vous en prie, continuez. »

— « Je trouvai donc, au bout de quelques jours, une voisine charitable, à peu près de ma taille, qui, compatissant à ma peine, m'offrit de me prêter une robe, un chapeau, et une paire de souliers. J'acceptai avec empressement ; et quittant ce haillon (et sa main toucha un morceau de sa manche avec un sourire indéfinissable), je me mis à l'œuvre. Les souliers étaient trop longs, mais je finis par les adapter tant bien que mal à mes pieds, et je partis. J'avais une longue course à faire. M*** demeurait quartier

Saint-Martin, et moi, comme vous voyez, rue Saint-Jacques. Mais le temps était beau. Néanmoins, la crainte de perdre mes souliers qui tenaient avec peine à mes pieds, et le soin que j'étais obligée de mettre à cause de la malpropreté des rues, pour ne pas tacher la robe, et pour éviter les éclaboussures des voitures, m'obligeaient à marcher lentement, très-lentement. Tout à coup le soleil se couvre, les nuages, chassés rapidement sur le ciel, se rejoignent, s'amoncèlent, prennent une teinte plombée, et peu de minutes après, oh! douleur! une pluie affreuse se met à tomber à verse.......On aurait dit que le ciel, crevassé comme le cratère d'un volcan, vomissait des torrents sur la terre..., où plutôt sur moi seule, infortunée, qui, sans parapluie, me trouvai en peu d'instants couverte d'eau, depuis la tête jusqu'aux pieds... Chapeau, robe, souliers, tout était imbibé, trempé, ruisselant... Que faire? Je ne pouvais plus me présenter nulle part, ainsi transformée en fleuve. (Et l'étonnante femme souriait en me montrant les plus belles dents du monde, tandis que moi j'avais envie de pleurer....) Le seul parti qui me restât à prendre, était de rentrer chez moi : cela me fut d'autant plus aisé, que je n'avais fait qu'un tiers du chemin. Vous dire toute mon angoisse, toute ma terreur, en songeant à la colère de ma voisine lorsqu'elle verrait ses effets dans un si déplorable état, me serait impossible........

Pour surcroît de malheur, à quelques jours de là, mon mari devint sérieusement malade : nous mourrions tous deux de misère et de besoin. Dénuée de vêtements, je ne pouvais pas sortir pour chercher du secours, et j'étais réduite à passer les nuits au chevet de mon mari, et le jour à faire de petits dessins que ma voisine vendait pour quelques sous. Mais bientôt la fièvre me prit.... Nous étions prêts à périr tous deux, lorsque le ciel m'inspira, et j'écrivis à une sœur grise que j'avais connue à Lyon, et qui se trouve maintenant placée à Paris. La bonne fille vint à notre aide , nous soutint par ses soins, m'obtint quelques secours du bureau de charité, et mit le peu d'effets qui nous restaient au Mont-de-Piété, pour subvenir à nos plus pressants besoins....

Voilà tout ce qui me reste , ajouta-t-elle, en montrant son lit, sans draps ni couverture; voilà ce qui me reste.... Vous voyez , madame (et un triste sourire apparut sur ses lèvres vermeilles), vous voyez, ce n'est pas chaud pour la saison..... Mais j'espère, avant que l'hiver devienne plus rigoureux , avoir fini mon roman et un ouvrage sur la minéralogie, qui me mettront à même de jouir de quelque aisance.... Je ne regrette que deux choses, c'est d'avoir été obligée de vendre ma musique, et d'avoir perdu mon mélodrame. »

— « Vous n'en avez donc pas eu de nouvelles depuis? » interrompis-je.

— « Ah ! que oui , madame, et voilà ma plus

vive douleur. A peine commençais-je à me rétablir, que la sœur, pour me distraire , m'apporta quelques vieux journaux qu'on lui avait
prêtés.... Et quels furent ma colère, mon dépit,
mon désespoir, lorsque j'aperçus un article où
on rendait compte d'un mélodrame joué l'avant-
veille au théâtre de la Porte-Saint-Martin, sous
le titre : *la Femme et la Maîtresse*.... où les
actes, les scènes, les personnages, tout était
identique, tout était calqué d'après le mien?....
Oh! pauvreté! oh! misère! il n'y a pas une
seule de leurs douleurs qui ait été aussi poi-
gnante pour moi que cette indigne félonie....
C'était le fruit de mon travail, de mes veilles,
je pourrais dire de mon sang, et ma seule ressource dans l'adversité!..... Mais enfin, j'ai du
courage, et vais travailler avec ardeur. Il est
vrai que depuis ma maladie le besoin me rendait souvent l'esprit creux, les idées se confon-
daient dans mon cerveau, et j'étais obligée de
suspendre mon travail,..... surtout lorsque je
voyais la figure de ce pauvre être faible et dé-

couragé, là, assis en face, la tête baissée, les deux mains sur les genoux, et immobile, comme si la vie l'avait abandonnée...... Alors je l'envoyais dehors sous un prétexte ou l'autre, et je devenais plus calme et apte au travail. »

Elle reçut avec joie mon petit présent...

— « Enfin, dit-elle, j'irai prendre l'air...... Savez-vous, madame, qu'il y a près de quatre mois et demi que je ne suis sortie de cette chambre?.... »

Et son regard brillant et joyeux, comme une douce rosée, tombait sur mon cœur, et l'épanouissait délicieusement.

En sortant, elle m'accompagna jusqu'au bas de l'escalier, et s'apercevant que je jetais un coup d'œil sur les dessins bizarres tracés sur le mur, elle me dit :

— « Eh! mon Dieu! madame, ce sont des études que j'ai faites là faute de papier.... »

Je m'éloignais de cette pauvre maison le cœur doucement affecté, mais triste à mourir... Cette misère ennoblie par le goût des arts, ce courage si simple et si sublime à la fois, luttant avec les horreurs du besoin......Puis, cette lâche turpitude, cet infâme vol, me présentaient la nature humaine, tantôt revêtue d'une blanche tunique, la tête élevée et entourée d'une auréole de gloire, tantôt souillée de haillons immondes et dégoûtants.... Je songeais à toutes les larmes que j'avais vu verser dans ma vie pour des égratignures, et je les comparais à l'énergie qu'opposait la pauvre femme que je venais de voir à tant et de si cruelles souffrances. Les rudes atteintes de la misère et du besoin, qui plongent en général dans un état de stupide imbécillité, avaient été parées dans son âme par l'amour du travail et le goût des arts. Une créature ignorante et lâche à la peine aurait été brisée par la tempête ou abattue par le besoin; sans force morale, elle aurait réduit sa noble existence, au seul sentiment de la faim et de la soif.

JEANNE.

Hier, la fille d'un jardinier de nos environs,
a tué son mari.... Cette jeune femme, assez
jolie et bien élevée pour une personne de sa
classe, mais faible et grêle, avait épousé depuis
peu un homme d'un caractère fâcheux et brutal,
qui la maltraitait et la battait, parce que, disait-
il, cette *mauviette*-là est trop *dame* pour le tra-

vail. Hier au soir, il rentra après avoir passé
une partie de la journée au cabaret. Il était de
fort mauvaise humeur. Mécontent de tout, il
trouva que sa soupe était froide, son feu trop
brûlant, ses sabots déplacés.... il cria, tem-
pêta, cassa sa pipe, et somma sa femme d'aller
se coucher.

La faible créature, qui n'avait opposé jusqu'a-
lors qu'un silence résigné à tant de violence,
obéit aussitôt, et entra dans la chambre à coucher. Son mari la suivit bientôt; et après avoir
fermé soigneusement la porte et la fenêtre qui
donnait sur la rue, il posa derrière le rideau
quelque chose qu'il portait sous sa blouse, et
qu'elle ne put apercevoir, sa lampe portant ombre dessus....

— « Déshabille-toi, » lui dit-il d'une voix
sombre....

La jeune femme obéit en silence; mais lors-

que, couverte seulement de sa chemise, elle
s'apprêtait à entrer dans son lit :

— « Mets-toi à genoux, lui dit-il, et fais ta
prière.... Après.... tout sera dit pour toi. »

Jeanne, le regard attaché sur lui, un doux
sourire sur les lèvres, lui dit d'une voix faible et
tremblante :

— « Tu plaisantes, n'est-ce pas? »

C'étaient les premiers mots qu'elle lui avait
adressés depuis qu'il était entré....

— « A genoux, te dis-je !... Jeanne fléchit les
genoux, et se laissant glisser jusqu'à terre fit sa
prière, espérant toujours que son mari voulait
seulement lui faire peur et s'apaiserait par son
obéissance.... A peine fut-elle quelques secondes
dans cette attitude, que le paysan s'élance du
côté du lit, s'empare d'une fourche qu'il avait

cachée, et d'un bond il saute vers l'endroit où était sa femme.... Jeanne ayant vu ce mouvement, se lève précipitamment, fuit du côté de la porte, s'attache à la fenêtre... Mais, oh! désespoir! point d'issue!.... ses cris ne sont point entendus..... ses plaintes semblent accroître la fureur du tigre.... déjà une fois il l'a atteinte au cou et son sang ruisselle.... Mais Jeanne lui a échappé...., bondissant d'un bout à l'autre de la chambre comme un jeune cerf blessé, lorsqu'il sent le chasseur sous ses pas, elle voit son mari tout à coup glisser sur ses talons et tomber tout au long sur le dos.... Jeanne pâle, échevelée, frémissante, fixe ses yeux vitreux et chatoyants sur un des sabots qu'elle vient de quitter.... se baisse et s'en empare.... Une idée soudaine l'a frappée.... elle se porte aussitôt avec impétuosité vers son mari, dont la large poitrine était à découvert, s'incline, lui plante le talon du sabot dans le creux du larynx, et l'appuie ferme de ses deux mains... Le paysan ne bougea plus il était mort...— Jeanne eut-elle tort?

Cette horrible histoire après avoir soulevé le
cœur d'indignation , le rend plus compatissant
pour la coupable que pour la victime. Jeanne
nous apparaît ici comme un instrument de haute
justice et on se sent soulagé.

L'ÉVASION.

De tous les abus celui de la force brutale est
le plus révoltant, car il est à la fois lâche et
grossier. L'aveuglement seul de la jalousie peut
le rendre excusable, car alors il y a démence.
Dans mon enfance, je faillis mourir lorsque,
pour la première fois, je fus témoin d'une punition corporelle. Mes sens se soulevèrent, ma

raison, comme un éclair, se dévoila instanta-
nément, l'image de la justice apparut à mon
âme dans toute sa majesté et je la compris par
l'horreur que m'inspira ce vil attentat. Voici le
fait :

J'avais été passer quelques jours chez mon
aïeule paternelle ; elle était établie dans une de
ses habitations, au milieu de ses terres, avec sa
plus jeune fille, le chapelain de la maison et
son confesseur, dont elle ne pouvait guère se
passer quarante-huit heures, car elle se con-
fessait ou du moins se réconciliait tous les
jours.

A peine j'entrais dans la maison, que je fus
frappée de son aspect triste et sévère. Ma grand'-
mère encore jeune, mais dévote et rigide, était
fort attachée à la règle en toute chose. Chez
elle, chaque heure avait son emploi, et tout se
succédait avec la plus stricte régularité, la
veille comme le lendemain. Ses filles, comme

ses esclaves, dressées sous son autorité, suivaient la route qu'elle leur avait tracée et à force
d'obéir, semblaient avoir perdu la faculté de
vouloir. Un pareil régime était chose nouvelle
pour moi, habituée que j'étais à suivre toujours l'impulsion de mes désirs. Je fus étonnée
de tant d'austérité et même un peu intimidée,
d'abord; mais bientôt, songeant que la règle de
la maison ne me regardait pas, je me disposai
à n'y avoir nullement égard. J'ignorais la contrainte et par-dessus tout, j'aimais l'air libre : je
ne tardai donc pas à reprendre mes habitudes
vagabondes.

Courant dans la campagne comme un lévrier,
j'abattais les fruits des arbres qui se trouvaient
à ma portée ou cherchais à attraper les nids
d'oiseaux qui, soutenus par les lianes en fleurs,
pendaient sur ma tête. D'autres fois, courant
plus loin, j'essayais de monter sur les jeunes
poulains qui sautaient dans la savane et, vers le
soir, quand le soleil s'abaissait sur l'horizon et

répandait sur le ciel sa teinte pourpre, que la
génisse, sur le duvet embaumé de la sauge sau-
vage, à côté de sa mère, pliant doucement les
genoux, se préparait au repos ; alors que des
troupeaux immenses de chevaux, affaissés encore
par la chaleur du jour, mais les crinières déjà
agitées par la brise du soir, buvaient en hennis-
sant au bord de la rivière ; alors seulement les
joues roses, le cœur bondissant et joyeux, je
rentrais, ma robe relevée à moitié et souvent
percée sous le poids des fleurs et des fruits, que
j'avais récoltés sur ma route.

Le premier jour, on me laissa faire; le second, on m'admonesta ; et le troisième, je ren-
contrai ma grand'mère, les sourcils froncés, le
regard sévère, qui m'attendait à la porte, accompagnée du chapelain et du confesseur. Pour
cette fois, je fus décidément grondée et il
échappa au père capucin quelques mots qui me
firent comprendre qu'il ne serait pas impossible
qu'on en vînt à m'enfermer..... Une telle

menace de la part d'un étranger, m'irrita et me
révolta à la fois. Je continuai donc à courir dans
la campagne et on finit par m'enfermer à l'heure
de la sieste. Pendant ce moment-là, tout reposait dans la maison. Le soleil à son apogée,
dardait des étincelles de feu et la terre se fen-
dait comme minée par un volcan. L'air, enflammé de chaleur et de lumière, imposait un
accablement involontaire, dont l'influence s'é-
tendait jusqu'aux animaux. Tout était calme et
silencieux, et sans le bourdonnement des insec-
tes qui seuls veillaient, on aurait pu croire la
nature assoupie sous la baguette d'un magicien.
On voyait des oiseaux cachés au bord des ruis-
seaux sous les guirlandes de grenadille ; et plus
loin, le serpent mollement étendu sur la feuille
large et luisante du bananier, semblait pomper
sa fraîcheur avec volupté, tandis que le singe
maraudeur, blotti au milieu des champs de
maïs, tout en se reposant accroupi, choisis-
sait de l'œil les épis qu'il devait voler la
nuit.

La chambre qu'on m'avait destinée pour prison, était au rez-de-chaussée. La seule croisée
qui m'éclairait, se trouvait fermée par des barreaux de bois, à la hauteur seulement de deux
ou trois pieds du sol. Une énorme volière, deux
hamacs et quelques chaises de bambou , en formaient l'ameublement. Aussitôt que je me trouvai enfermée, je me mis à pleurer amèrement.
Mais bientôt, le vacarme que faisaient les habitants de la volière, attira mon attention. Je levai
les yeux et distraite par leurs mouvements et
leurs belles couleurs, ma douleur se calma et
mes larmes cessèrent de couler. Alors seulement, je m'aperçus de la présence de ma tante
Conchita, qu'on avait laissée près de moi, apparemment pour me rendre la prison plus supportable. Je pleurai de nouveau en la voyant et me
plaignis à elle, de la tyrannie cruelle dont on
usait envers moi. Puis, me consolant par degrés,
je m'approchai de la croisée et regardant tristement la savane qui se déployait à mes yeux,
j'abandonnai doucement ma tête sur un des

barreaux de bois. Un instant après, je crus sentir qu'il cédait à la pression.... Tremblante de joie, je fis un nouvel essai : alors, je m'aperçus que les barreaux étaient vermoulus et qu'il ne me serait pas impossible de les faire céder. J'appelai ma tante à mon secours ; mais Conchita effrayée, n'osait pas venir à mon aide.... Enlaçant alors de mes deux bras le barreau qui me parut le moins solide, je dis à Conchita...«Viens, viens, ne touche pas le barreau, mais prends-moi par le milieu du corps et tire vers toi... ainsi, ce sera moi seule qui commettrai la faute.» Je ne sais si cette subtilité instinctive la persuada , mais elle consentit à faire ce que je lui proposais et au premier effort, le barreau céda... Pauvre fille! cette action nous coûta à toutes deux bien des larmes, et par ma faute !

L'issue une fois ouverte , je ne songeais plus qu'à la mettre à profit; mais je ne sais par quel penchant irréfléchi de liberté, ou par quel besoin secret de complicité, en jetant un coup d'œil sur mes compagnons de prison, il me vint dans la pensée de leur faire partager mon bonheur. Avant de sauter dehors, j'ouvris la volière, et *zinzontes* et colibris de s'envoler, et *maricas* et *guacamayos* d'entonner de leurs voix aigres le cri de liberté , battant des ailes et s'échappant par tous les intervalles qui séparaient les barreaux vermoulus de la fenêtre.

..... A la vue de leur joie, au milieu de ce vacarme, je riais aux larmes, je claquais des mains ! j'étais heureuse comme les anges doivent l'être au ciel !.... Conchita étourdie par le bruit, entraînée par ma gaieté suivit mon exemple, et d'un saut nous nous trouvâmes au milieu des champs, entourées d'une nuée d'oiseaux aux belles couleurs, qui n'osant pas prendre tout à coup leur grand vol , voltigeaient autour de nous , et passant et repassant sur nos têtes, effleuraient nos cheveux et nos joues comme pour nous remercier de leur avoir donné la liberté. Après ce premier élan de gaieté géné-

rale, nos compagnons disparurent, et nous restâmes l'une en face de l'autre, moi, étonnée de
ce que je venais de faire, Conchita effrayée des
suites de sa faute ; ma seule crainte était pour
elle.

Au bout de quelques minutes, la cloche d'a-
larme sonna et une battue générale fut ordonnée. Une partie des esclaves de l'habitation,
ayant à leur tête le père confesseur et le chapelain, se mirent en marche pour chercher les
deux coupables. Il ne fut pas difficile de nous
trouver; en voyant approcher le cortége, je
jetai un coup d'œil sur Conchita.... Elle avait
les traits contractés, le visage pâle, et ses lèvres
tremblantes et entr'ouvertes laissaient à peine
passage à sa respiration inégale et haletante....
Sa frayeur me gagna, et lorsque nous nous
mîmes en route, escortées par les deux prêtres,
je tremblais autant qu'elle. Craintives et humi-
liées, nous nous laissâmes conduire.

Arrivées à la porte de l'habitation...... —

« Votre mère vous attend, » dit le père Cosme
d'un air solennel à Conchita.... Elle pâlit.... ses
traits se décomposèrent, et se retournant brus-
quement, elle jeta un regard égaré autour d'elle,
comme pour chercher une issue et s'enfuir;
mais à un coup d'œil du père confesseur, une
des négresses qui nous avaient accompagnées
la saisit vigoureusement et disparut avec elle.

.... Or Conchita était la plus belle fille du
monde. Elle n'avait que onze ans, à cette époque. Toute petite pour son âge, elle était pote-
lée, grâcieuse dans ses mouvements et blanche
comme un lys. Ses yeux d'un vert transparent
avaient un certain regard humide et mélancolique, précurseur de tendres passions, et déjà
d'un attrait irrésistible, lorsqu'il était excité
par la voix de son âme. En la voyant emmener
ainsi, je voulus la suivre tout naturellement, car
je sentais qu'il me revenait de droit une bonne
part de la réprimande qui lui était destinée.
Nonobstant, j'éprouvais une grande répugnance

à voir ma grand'mère irritée, et surtout à endurer des reproches. Quelle était donc cette
voix secrète qui semblait me dire que Conchita
ne devait pas supporter seule la peine d'une
faute que je méritais peut-être seule ? En tout
cas, il me semblait qu'elle en souffrirait moins
si je la partageais, et j'éprouvais un besoin de
me soumettre au sort qui l'attendait. J'essayai
donc de la suivre, mais on m'en empêcha et je
l'attendais tristement, les larmes aux yeux,
lorsque tout à coup, des cris déchirants frappèrent mes oreilles.... Les portes ne sont jamais fermées dans nos maisons, la vue y plonge
d'un bout à l'autre : cela ménage, à ce qu'on
dit, les courants d'air et les bonnes mœurs. Les
gémissments qui arrivaient jusqu'à moi, ébran-
lèrent toutes les fibres de mon cœur. D'abord
je fus saisie d'un vif mouvement de peur : je
voulus me cacher... Attirée ensuite par un mouvement irrésistible de compassion, je m'avançai
doucement et en tremblant, vers l'endroit d'où
partaient des cris... Spectacle de dégradation!...

cruelle ignominie qui ne s'effacera jamais de ma mémoire !....

L'angélique créature, si jeune et si pure, était soutenue en l'air, des pieds et des épaules, par deux négresses...... Elle avait le corps à découvert..... sa blanche peau, ses charmes naissants et délicats, ses contours gracieux et ondulants, que la nature dans un jour de bonheur s'était plue à créer, toutes ces beautés dont la magie et le charme sont dans le mystère qui les cache, étaient exposées, dis-je, aux yeux stupides et grossiers des esclaves, à l'air, à la lumière du jour, et livrées à la rude discipline de sa mère sévère et impitoyable...... Les chairs frémissaient sous les coups.... les battements du cœur faisaient rebondir le corps, tenu, comme par des crampons de fer, par les bras vigoureux des négresses, et le sang bouillant et révolté se portant rapidement vers la superficie semblait chercher une issue pour jaillir et marquer du stigmate de la honte, l'auteur d'une aussi avi-

lissante flétrissure.... A ce spectacle, ma vue
devint trouble, mon cœur se souleva, tout sentiment de crainte disparut.... Une forte vibration intérieure m'annonça que ma vie morale
allait commencer, et je la sentis forte et puis-
sante, dans ce premier mouvement d'indignation contre l'abus de la force brutale, dans
cette sympathie dévouée et courageuse envers
le faible mal traité et humilié... Comme un
lionceau en courroux, je m'élance sur le dos de
l'esclave qui tenait les pieds de la victime, j'en-
fonce mes ongles sur sa poitrine, et la mords
si fortement, que la douleur lui fait lâcher
prise : alors je me porte impétueusement sur
Conchita, dont les membres affaissés et le regard
mourant auraient fait pitié à un tigre.... J'en-
lace son corps de mes bras, je la presse; et
l'enveloppant de mon corps je la couvre de ca-
resses, répétant avec une sorte de délire : Frappez, frappez maintenant !......... Un moment
après je m'évanouis.

LETTRES DE MARIA.

Vous n'avez pas supposé que je ne voulais
pas vous voir aujourd'hui? Vous avez su, sans
doute, que j'ai été à la répétition des *Nozze,*
que j'ai dîné ensuite chez maman, que je suis
venue me coucher à huit heures et demie. Je
m'amusais tant, que j'ai eu peur d'avoir trop
de plaisir à la fois, et je m'en suis privée.........
Vous me voyez d'ici baisser les yeux...... Vous

allez demain (quand je dis demain, je pourrais bien dire aujourd'hui) à ce concert?... Qui viendra me prier d'avoir la bonté de chanter?... Eh! ma foi, si personne ne veut se donner cette peine, je me lèverai, et j'irai *me* . . . . . fort gracieusement, me mettre au piano, et me rendre aux vœux unanimes de........ ma voix... Que pensez-vous de ce stratagème? Le tour serait nouveau!

Ce qu'il y a de certain, c'est que mes bêtises ne sont pas nouvelles pour vous. Heureusement que vous y êtes presque habitué!....

Vous qui êtes monsieur convenances, croyez-vous que si je mets une robe comme, par exemple, celle que j'ai mise avec un bonnet.... ou si je... ou bien si.....

Eh! qu'en pensez-vous?

C'est vous qui êtes madame Rossi pour la toi-

lette. Dans ce moment, ne me conseillez pas
comme Jago......... Adieu. Vous pouvez venir
en guise de lettre me voir ce matin.

M.-F. MALIBRAN.

Au même.

Ayant répétition *générale* de *Clary*, je ne
puis vous voir à une heure, mais à trois et demie. Vous avez été content de moi, et *moi*, de
moi aussi.

Tout mon être se ressent de la tranquillité
dont j'ai joui ces trois derniers jours. Rien ne
m'a contrariée, et ma voix était plus fraîche. Je
ne vous dirai pas, cependant, que j'ai bien
dormi ; non, j'ai été agitée toute la nuit. Mais
ce n'est rien en comparaison de l'éternité ; j'ou-

bliais l'Olympe duquel je descends......., *pour m'habiller* pour aller à la répétition.

Madame Merlin est bien gentille de venir me voir aujourd'hui ; aussi je l'attends les bras ouverts, et ne compte pas lui faire le moindre reproche : voilà ma vengeance. Vous savez comme dit *Cendrillon* à la fin : *E sarà mia vendetta.... il lor.... perdono.*

Vous serez le public, vous direz bravo !

M.-F. Malibran présente ses compliments affectueux au *bon diable.*

Au même.

Calais, 10 avril 1830, 10 heures du soir.

Il n'y a pas de bras qui tienne, il n'y a pas de douleur qui vaille, il n'y a rien enfin qui puisse m'empêcher de lui écrire, d'écrire à mon ami P....

Mon excellent ami, savez-vous que vous seriez l'être du monde le plus dangereux si vous aviez dans vous la moindre petite parcelle de fausseté ? Mon Dieu ! vous avez le ton si persuasif ! vous avez une manière de dire les choses qui pénètre l'âme et qui fait que de suite, on avale à longs traits tout ce que vous voulez que l'on boive. Si une personne....., ou plutôt si j'avais rencontré *une personne* qui eût eu votre caractère, j'en serais devenue folle, folle à en perdre la raison.

Parlons d'autre chose. — Je vous aime, voilà le général en chef des pensées qui vous regardent ; elles commencent toutes par là.

J'ai dormi en rêvant, tout le long de la route, les pieds sur madame Sevestre, étendue comme dans un lit. Dormi !.... L'on me dit qu'il fera

beau demain pour m'embarquer jusqu'à Douvres, Dieu le veuille!....

— Soignez-vous, mon ami, ne vous fatiguez
pas trop, pensez que vous êtes *indispensable*
au bonheur de vos amis, *qu'il vous me faut*
parce que l'on ne rencontre pas deux fois!
que dis-je! tout au plus dans une vie si on a le
bonheur de rencontrer une fois un être qui,
comme vous, entend et comprend; une âme
pure, sans fard, sans déguisement, qui sait aimer avec abnégation de soi-même, qui sait
donner de doux conseils, et qui sait faire renaî-
tre le calme dans un cœur affligé, comme l'a
souvent été le mien . . . .
. . . .
Voilà la fin du sermon.

Dites-moi tout, entendez-vous?

Dieu sait si vous comprendrez mon barbouillage? j'ai le bras qui se trouve mal...., je vais le

coucher ?... Mandez-moi si vous voulez que je
vous fasse une petite ou une grande commission.

— N'avez-vous pas oublié quelque chose que
je pourrais vous faire parvenir ?

Enfin, vous savez que, dans tous les cas, je
suis ici, ou que je serai, pour mieux dire, à
Londres, où j'attendrai, avec bonheur et impatience, l'occasion de prouver à mon meilleur
ami qu'il n'y en a pas une plus dévouée que,

MARIA.

Au même.

Calais, 11 avril 1830.

Je ne suis pas encore partie. Il faisait mauvais, trop gros temps pour risquer mes *osses*.
Demain il fera peut-être beau ; mais je ne pars

pas, car j'ai promis de rester, attendu qu'il y a ici une société souscrivante et que j'ai promis de chanter, à condition que l'on me permettra de faire une quête, et qu'on sera prévenu, pour avoir de l'argent dans les poches. J'espère que les pauvres n'y perdront rien. Vous savez que rien ne me presse pour arriver, et que le sacrifice n'est pas grand.

Ce lundi, Calais.

Il fait aujourd'hui le plus beau temps du monde pour aller à CHEVAL sur la terre et même sur l'onde ; mais pour s'embarquer pour Douvres : berniques. — Ce soir a lieu cette espèce de concert — Nous rirons — Je veux tout vous détailler. — En attendant, le premier président se prépare à venir me rendre visite en guise de remercîments pour la quête et pour le chant. — Hier soir, nous avons eu à l'hôtel M...... un soi-disant plaisir d'entendre une chanteuse, pardon, cantatrice, veux-je dire, *des rues*, qui est venue régaler nos oreilles pendant une heure et demie; des Anglais l'avaient fait venir, ils étaient dans le salon des hôtes, et le mien qui était en face étant ouvert, j'ai eu le bonheur de recevoir deux dames qui étaient venues *exprès pour* L'ENTENDRE. Comme j'avais un piano, j'ai cru rendre hommage à la belle *Sie-Reine* écorcheuse d'oreilles, en l'accompagnant avec le piano; de sorte que tout cet amalgame produisait de mon côté l'effet de l'écho lointain, et elle, du sien, produisait celui d'un chat que l'on étrille sous vos yeux. Oh! agréable soirée! comme elle était calquée sur les nôtres! ce contraste pourtant, m'a reproduit le miroir du passé..... A ce soir : je reprendrai ma plume pour vous donner de nouveaux détails sur tout ce qui pourra vous intéresser.

— J'avais promis de vous écrire le soir. Eh bien! je ne puis le faire sans vous dire auparavant que l'influence de mon nom a eu tant d'ascendant sur les Calaisiens, qu'ils ont eu le temps d'annoncer à deux heures que le concert qui devait être d'abord entre souscrivants, aura lieu ce soir au théâtre où tout le monde sera admis, et je ferai ma quête. Ces pauvres gens ont tant souffert!!!! Comme je suis heureuse de pouvoir, à moi toute seule, leur procurer du pain. Bonjour. A ce soir.

— Je rentre : vraiment, mon cher ami, vous auriez joui de voir les braves gens de Calais, dans l'enthousiasme le plus complet. A huit heures, j'ai été au concert dans la salle de spectacle : le concert n'ayant été annoncé, affiché, imprimé et publié qu'à deux heures, il est prodigieux d'avoir fait, moi, par ma quête, 587 francs de recette, sans compter ce que l'on a fait à l'entrée. C'est énorme! Après la première partie j'ai fait la quête, après la quête, le maire est venu, devant tout le public, à haute et intelligible voix, me présenter une couronne de fleurs, puis un bouquet; le tout en

faisant un discours à ma louange, fort aimable,
du ton le plus pénétré, le plus ému, le plus persuasif ; puis, il a lu des vers faits *en ma
louange* ENCORE, le public accueillant tout avec
ravissement et enthousiasme et criant, trépignant
et applaudissant à tout rompre. Enfin, mon ami,
j'ai été ravie d'être bonne aux pauvres de Calais
qui ont pâti, souffert, qui ont été plus que malheureux. Le public était si enchanté de moi, que
même après la quête ils applaudissaient, et
lorsque tout a été fini, l'on renouvelait les marques d'enthousiasme à mon passage. Adieu, s'il
ne fait pas beau, je ne m'embarque pas.

Mardi matin.

Je ne pars pas. Il fait trop mauvais. Aussi
l'on ne veut pas que je m'ennuie ce soir, et je
vais en soirée chez M. Pigault de Beauprès, cou-
sin de Pigault-le-Brun. Tout le monde est en
révolution, l'on dansera et moi aussi. Je vous

promets de ne pas me fatiguer et de rentrer de bonne heure, comme si je devais voir en rentrant..... Vous voyez que je n'oublie pas vos amis. Je grille d'impatience d'arriver à Londres pour trouver de vos nouvelles. Je compte partir demain par le paquebot royal. Je ferme ma lettre, n'ayant plus rien que de l'*ancien* à vous redire, donc, je veux au moins pouvoir le répéter dans une autre lettre. Quel barbouillage! mon Dieu!

Bonjour, mon meilleur et plus sincère ami.

Au même.

Bristol, de passage pour aller à Exeter.

Nous partons demain matin pour Exeter, mon cher M. D., où je suis engagée pour huit con-

certs, que je dois partager entre Bath et Bristol, où je dois revenir. Nous serons le 24 en chemin pour Paris. Nous serons le 26 à *Calais*. Je
vous prie d'adresser une lettre pour moi à l'hôtel Meurice, dans laquelle, après m'avoir dit
toutes les jolies choses que vous savez si bien
dire sans avoir l'air de vous en apercevoir, vous
me direz quels sont le numéro, la rue, la
maison, etc., etc., que vous avez prise pour
nous. Si vous ne l'avez pas encore retenue,
faites-le de suite, s'il vous plaît, et s'il ne.......
la même chose. Or donc, pour finir ce que je
n'ai pas encore commencé, je termine ma lettre
en vous disant que vous êtes un vilain, qui
n'avez pas voulu me répondre. Je vous ai écrit
de Glocester, de Chester, de tous les coins du
monde.... mais il paraît que l'année n'est pas fa-
vorable aux gens qui se dédient à la littérature,
aux beaux-arts, et qui se dédient, comme moi,
de la manière la plus dévouée, au style épisto-
laire.... Hem !!! pas de bêtises. Assez causé
comme cela. J'espère que M. Laurent sera bon

pour moi, et me fera oublier le mauvais traite-
ment de celui que je mettrai, dorénavant, toujours à la *porte* (1). Pas mal pour quelqu'un qui
n'en fait pas son état ! Savez-vous ce qui me
gêne toujours au moment de finir mes lettres ?
c'est d'être obligée de signer Malibran à la suite
de toutes les bêtises du monde.

Au même.

Nous avons poursuivi le cours de l'eau. C'est-
à-dire qu'étant arrivés un jour plus tôt que nous
le pensions, à cause du plus court passage, de
la plus belle traversée du monde, la marée pour
nous, le vent pour nous, le..... ; enfin, à cause
de tout cela, nous partons *par la malle-poste*,
demain, samedi, le 24, et nous arriverons lundi,

(1) Jeu de mots sur le nom de Laporte, le directeur du
théâtre italien à Londres.

le 26, entendez-vous? Ouvrez vos petits grands yeux. Motus. Je veux débuter par la *Gazza*. Dites donc! eh! qu'en pensez-vous? Mon cœur bondit de joie, en pensant que je vais revoir toute l'aimable marmaille. J'ai été malade comme un chien, malgré tout ce beau passage. Je suis enchantée de mon appartement. Bravo! Je voudrais avoir ma sœur avec moi. Je vous dirai quand et comment. N'en dites rien. Voulez-vous recevoir les humbles génuflexions de la plus contente et folle Mimiband? C'est ainsi que je veux me nommer dorénavant, quand je serai contente. Je tâche de vous rendre la pareille en écrivant aussi intelligiblement, car du d...... si l'on peut comprendre un mot de vos lettres. *Dixit.*

A tantôt.

A lundi.

Bonheur de se revoir après les jours d'absence.

M.-J. MALIBRAN.

De madame Garcia au même.

Paris, ce 1er mai.

Monsieur,

Persuadée que tout ce que vous pouvez dire à Maria sera écouté, je vous prie de bien lui recommander de se ménager pour le théâtre et ne pas accepter les dîners en ville. Vous saurez que la Lalande n'a pas fait plaisir ; en conséquence, Maria devait paraître quinze jours avant l'époque de son engagement. Il est probable qu'elle devra chanter bien plus qu'elle n'a dans son engagement, et si elle sait bien avoir soin d'elle, c'est une année d'or pour elle ; mais si elle se fatigue en se prodiguant, comme elle a fait à Paris, vous voyez bien qu'elle jettera la fortune par la croisée. Je me permets de vous inclure la lettre pour mon fils, parce qu'il ne faut pas qu'on sache que Manuel fait partie *des braves !* et à votre retour, je vous ferai compter les ports de lettres en vous faisant voir un *calvaire* tout entier que je suis en train d'habiller, et qui sans cela vous coûterait deux sous par chaque fois qu'il vous prendrait fantaisie de le voir ; et vraiment il est si joli, que je ne serais pas étonnée si vous vouliez le voir tous les jours, et vous voyez où cela vous mènerait : mais soyez tranquille, je vous retiendrai une place au *premier rang.*

Je voudrais aussi que vous disiez à Maria qu'elle demande pour les *Meetings* à peu près ce que Pasta demandait. Elle peut prendre des informations sur cela.

Adieu, mon cher monsieur le baron, je vous prie d'excuser aussi mon *petit mauvais français.*

Vous pouvez croire que je ne suis pas gaie

depuis que mes deux enfants sont partis, sans
cela je vous dirais plus gaiement que j'ai l'honneur d'être, monsieur le baron, votre très-obéis-
sante servante,

J.-S. GARCIA.

Au même.

10 mai.

Certainement, mon cher ami, je ne vous ai
pas donné de mes nouvelles par négligence; oh
non ! vous savez combien je vous aime et combien j'ai envie de vous le prouver; ainsi, je ne
crains pas que vous m'accusiez jamais d'oubli.
Lalande n'ayant pas fait plaisir, je suis engagée
jusqu'au cou, concert le matin, deux ou trois le
soir, et le lendemain, c'est à recommencer, sans

excepter les jours d'opéra. Jamais je n'ai joui d'une santé aussi robuste, je suis tout à fait replète maintenant; ma voix est aussi claire le matin que le soir, pas un moment d'enrouement. Madame Sevestre me soigne comme sa propre fille; enfin, je dois remercier le bon Dieu et la *bonne madame Sevestre,* des soins que l'un me donne invisiblement, et l'autre pour les progrès qu'elle fait faire à ma santé visiblement. Mercredi, je vais à Bath, après le concert; j'arrive jeudi à neuf heures du matin, je chante deux morceaux; à une heure je pars, et dans une heure, je me trouve à Bristol, pour jouer le soir le troisième acte d'*Otello,* avec Donzelli ; je gagne mes 150 guinées et j'arrive le lendemain à Londres. N'est-ce pas que c'est gentil, bien gentil? J'ai reçu une lettre charmante de madame D...., elle me demande de vos nouvelles. J'ai un concert ce matin et je joue le premier acte de *Matrimonio* et tout *Tancredi* pour le bénéfice de........ Lablache a fait *fureur.* Mon ami, je vais vous envoyer cette lettre qui est courte, afin que vous soyez tranquille sur mon compte. Je vous embrasse comme je vous aime.

MARIA.

Au même.

Bath, 11 août. Sydne's hotel.

Oui, c'est bien vrai : je ne vous ai pas écrit pendant deux mois, je vais vous dire pourquoi. D'abord, sachez que je n'ai jamais tant écrit de ma vie que depuis votre départ; je suis très-paresseuse, j'exècre d'écrire, et il m'a fallu toutes mes promesses pour en tenir une de vous écrire souvent. Je l'ai fait pendant quelque temps. Une fois que vous êtes parti à Toulon, j'ai supposé que j'aurais beau écrire, une fois que vous seriez en Alger, vous n'en sauriez rien jusqu'à votre re-

tour. Cette raison, avec l'accompagnement obligé
de ma paresse, ont suffi pour m'ôter l'envie de
vous écrire; cependant, par une espèce de remords, j'ai dit à madame Sevestre de vous donner de mes nouvelles. J'ai manqué faire une
visite aux ancêtres du bouillon consommé ; mais
le diable a dit : elle est sensible, elle est malheureuse, elle doit vivre. Vivat! il a tourné la
ruelle du lit et la mort a été attrapée ; se croyant
à la tête, elle s'est trouvée, à son grand étonnement, aux pieds.

Voilà comme le vieux cornu m'a évité l'éternité à l'une des extrémités de l'autre monde.

Je me porte bien, très-bien à Bath. J'y suis
jusqu'au 25 août. Grâce à mon excellent et sincère ami de la Bellinaye, mon docteur, je suis
dans un état ragoûtant de santé. C'est avec in-
solence, comme vous dites, que je porte du
rose et du blanc. Il faut que vous aimiez cet
homme qui m'a sauvé la vie, autant par ses or-

donnances que par son savoir ; et plus par sa
bonté toute paternelle. Vous devez l'aimer, car
vous lui ressemblez. J'ai écrit aujourd'hui à
M. de Lamartine une lettre de huit pages. Le
plaisir de causer avec lui m'a entraînée peut-
être trop loin ; mais il est indulgent, et il excu-
sera un jeune cœur qui aime à se montrer tel
qu'il est. J'ai le poing qui me fait mal, tant
j'ai écrit. Adieu, mon ami. J'ai écrit une lettre
à Manuel, à laquelle il aurait pu répondre avant
son départ pour Paris. Apportez-moi quelque
petit bijou gros comme une tête bédouine, ou
quelque autre petite chose de ce genre, pour
orner ma seigneurie malibranienne.

Au même.

Birmingham, ce 1er octobre 1830.

Mon cher ami,

Quand je pense que dans vingt-quatre jours
je dois être dans mon noble pays, mon cœur pé-

tille de bonheur. Il me semble que je dois voir les visages des Français changés : je me figure les voir rayonnant de liberté , les yeux pleins de ce regard de feu et de bonheur qu'inspire toujours la conviction du bien qu'on a voulu faire. Tout ceci est bien plus clair dans mon crâne que sur le papier, faible *Mercure* de mes idées. Mon ami, je me recommande à vous pour me faire avoir une maison.

.   .   .   .

Je suis devenue plus intrépide que jamais depuis que la France est dans la fleur de ces anciens bourgeons de noblesse, qui étaient suspendus dans le grenier. Les voilà sur terre, et cela pour monter jusqu'au séjour du père créateur!!! L'on me dit que tout n'est pas fini... Si j'avais pu perdre un bras pour une cause pareille, je croirais en avoir gagné deux par la force de la conviction d'avoir servi à quelque chose, en maintenant le droit de la nature. Je

commence à m'enflammer, adieu. Assez causé
comme ça.

MARIA, qui est votre amie.

Au même.

Ce 7 mars, 2 heures du matin.

Étiez-vous bon! Tenez, le père éternel aurait
été présent, que je n'aurais pas pu m'empêcher
de vous dire combien je vous étais reconnaissante..., ne vous fâchez pas du mot, ce n'est
pas à cause que vous m'avez amenée à cheval,
non, c'est pour cet aimable acharnement que
vous mettez à me procurer un plaisir de quelque nature qu'il soit; c'est par cette bonté que
vous m'avez donné tant de fois occasion d'apprécier en silence, car je ne sais pas trop dire
le bien que je pense de vous et encore moins
l'écrire. — Vous ne pouvez vous faire une

idée du bonheur que j'ai eu en vous voyant aussi content que moi, et presque, j'oserais le dire, *plus* que moi: d'abord parce que je l'étais, ensuite parce que c'était de vous et par vous que me venait ce contentement. N'est-ce pas que je vous devine?

Aussi j'ai voulu vous récompenser en me faisant plaisir, et je suis rentrée après le concert de M. de la Bouillerie dans l'espoir de causer avec vous.... Visage de bois...., personne.... Dieu sait quelle vie vous avez menée pour vous mettre au courant de tout ce que vous aviez à faire!... une mauvaise nouvelle... Oh! est-ce que je ne me tromperais pas en supposant que ce maudit mal de tête vient de...

Allez voir celui que vous voulez protéger, causez beaucoup avec lui.

Oui, sans doute, venez pendant mon dîner...

Votre sincère amie,

MARIA.

Au même.

C'est égal, vous êtes un bon diable; n'allez pas croire que je vais faire comme vous une lettre remplie de compliments. — Pas du tout, mes compliments se réduisent en deux mots : vous êtes un bon diable et un aimable brouillon (de sentiments) entre *parenthèses*. Ma vérité me force à vous dire que vous avez un bon cœur, je le crois du moins. Voilà tout. Je réduis tout ce que je sens en une seule pastille de *conserve*, c'est-à-dire en un mot ; vous êtes sincère et dévoué. Selon moi, c'est la plus belle épithète que je puisse vous donner, et vous la méritez.

Je veux bien vous permettre ! ! ! de venir un MOMENT aujourd'hui à trois heures.

Adieu, l'on m'attend.

M. MALIBRAN.

A monsieur Louis Viardot.

Rome, ce 11 juin 1832.

C'est donc un sort auquel il faut sans cesse s'attendre et dont nous devons prendre philosophiquement notre parti. En si peu de temps voir tant de monde emporté, et parmi ce monde, notre meilleur ami et mon pauvre père...... Je n'ai su que ce matin, à trois heures après midi, que ce désolant malheur était arrivé, grâce à l'ambassadrice de France, qui depuis avant-hier m'a donné les journaux à lire, ce qui d'abord nous a mis au courant de cette épouvantable rechute de révolution. Aujourd'hui, ils avaient annoncé la malheureuse nouvelle à Ch... en cachette de moi; mais j'ai de suite découvert ce qu'il cherchait en vain à me cacher.

Mon pauvre ami!! quelle douleur aiguë j'éprouve...., c'est le poignard de la douleur qui

me perce le cœur mille fois dans un instant.
Je ne puis cependant y croire sans une nouvelle
officielle. J'écris à ma mère et n'ose pas lui dire
ce que j'ai appris. Vous savez que je n'avais pas
voulu répondre à cette lettre que ni vous, ni
moi ne pouvions concevoir de sa part? J'ai eu
cependant mille fois la plume à la main, je ne
pouvais plus y tenir de besoin d'écrire, de savoir de leurs nouvelles; et depuis avant-hier
que j'ai appris les derniers événements de Paris,
il m'a pris une inquiétude si vive au sujet de
mon père que je craignais mêlé dans cette affaire, peut-être en allant au convoi, que j'allais
écrire; quand tout à coup je reçois la fatale
nouvelle!!...

Au moins rassurez-moi sur votre compte, et
sur celui de Léon. Dites-nous, car nous n'avons
plus de nouvelles depuis deux mois, dites-nous
si vous n'avez pas couru quelque danger. Si le
choléra ou la révolution avaient pu entraîner
l'*autre*.... — Dites-moi que je n'ai pas à pleurer

la mort de mon pauvre père.... Louis, je ne sais plus depuis deux mois des nouvelles de madame L... Depuis son départ je n'ai pas reçu *une seule* lettre, je n'en puis plus. — Engagez-la donc à m'écrire à Rome, n. 45, piazza della Minerva. — J'attends de vos nouvelles comme une personne qui a eu des convulsions, et qui n'a presque pas cessé de pleurer, et qui attend un léger soulagement à ses peines. Malheureusement, je ne puis rompre un engagement que j'ai fait ici pour jouer un mois trois fois par semaine, il y a douze jours. Le directeur a fait beaucoup de dépenses, les costumes sont faits, les décorations aussi, il a engagé plusieurs sujets à cet effet. Vous connaissez mon cœur, ne me blâmez pas. Le jour après la Saint-Pierre, je débute par *Otello*. La compagnie est mauvaise. Embrassez ma mère de notre part, ma sœur, mon frère, et...., ce n'est pas possible, les journaux ont menti!.. Puissiez-vous m'embrasser de sa part!

Votre sincère amie.

23.

A monsieur l'avocat Parola,

A MILAN.

Mon cher avocat,

Je vous écris sans savoir si la poste partira, mais je ne puis pas tarder plus longtemps à vous donner de nos nouvelles. Avec notre rapidité ordinaire, nous sommes arrivés à Modène le lundi même à neuf heures, assez à temps pour jouir du spectacle (*la Somnambule*), avec notre bonne amie, la marquise Carandini; après le spectacle, au lit.

Mardi, à onze heures, nous volions par la poste et à une heure nous étions à Bologne. Encore cette fois nous arrivâmes à temps pour assister au spectacle et pour en jouir (*Norma*). J'en suis sortie, persuadée *plus que jamais* que tous les bruits répandus à Milan sur le non succès de cet opéra étaient faux. La Pasta a été accueillie avec acclamation. Après la cavatine (quelle a chantée à merveille) on l'a rappelée cinq fois. — Après le terzetto, deux fois. — Toujours applaudie à chaque sortie. Deux fois après le duo du deuxième acte avec Adalgisa. Le duo avec Donzelli fut aussi répété et bien chanté; à la fin du spectacle, on la fit reparaître encore deux fois. Vous voyez donc que quelque bonne volonté qu'on ait pour faire dire que la Pasta n'a pas de grands succès, il est impossible de le faire croire après ces faits, qui, je vous assure, sont très-exacts. Ainsi donc, quand on vous dira de semblables fariboles, lisez ma lettre et ne croyez que moi. Dans l'entr'acte, j'allai voir la Pasta, qui fut extrèmement gracieuse avec moi. Elle me demanda des nouvelles du duc et de la duchesse, en ajoutant qu'elle me remerciait pour les Milanais, du cadeau que je leur avais fait en allant chanter à Milan. Vous voyez qu'on ne peut pas être plus aimable que la Pasta. Je vous prie donc de faire connaître à ceux qui sont toujours prêts à répandre de mauvaises nouvelles, qu'ils sont dans *la plus grande erreur* sur son compte, et que (moi présente) elle a fait fureur.

Je vous prie, mon cher avocat, de présenter nos affectueux compliments à la bonne duchesse, à M. le duc et à l'aimable baronne Battaglia, dont j'ai beaucoup parlé avec la princesse Hercolani.

Mille compliments à madame de notre part, mille baisers aux enfants et une accolade pour vous de votre très-affectionnée

M. MALIBRAN.

A monsieur le baron Pérignon.

Milan, 14 décembre 1835.

Aimable monsieur, mon cher juge,

Hélas ! vous m'avez mis l'eau à la bouche, en me parlant de jouer à mon cher Paris. C'est très-vrai qu'on m'a fait des offres par le moyen de notre ami Troupetenas, pour le mois d'avril douze représentations. Vous ne savez donc pas qu'à la fin de mars j'aurai fait soixante-quinze représentations depuis le 15 septembre? et que je n'aurai en tout et pour tout qu'un mois de re-pos, les voyages compris? qu'il y a une saison de Londres à faire, la plus fatigante de toutes, car j'aurai deux opéras nouveaux à jouer en an-glais, et deux autres à me remettre dans la tête?

Et certes, je veux, quand je reparaîtrai sur la scène de Paris, y revenir *avec tous mes moyens,* et non tout essoufflée comme je serais nécessairement, si je débutais après deux saisons aussi fatigantes que celles de Milan, et un voyage à travers ces monts glacés, ces rochers chancelants par les pluies, qui mènent avalanches et ruines au passage forcément lent du voyageur constamment arrêté par les mauvais chemins et les mauvais services de la poste; sans compter la peur des gentils voleurs, dont on nous raconte tous les jours quelque nouvelle conquête, quelque *ravissant meurtre.*

Non, non, le cher Parisien m'entendra quand mon cœur n'aura eu pendant un mois auparavant d'autres émotions que celles causées par le plaisir de me retrouver parmi lui, d'autre peur que celle de ne pas lui plaire autant qu'auparavant.

Ainsi, vous ne m'en voulez pas, n'est-ce pas ?

je remercie le bruit qui a couru dans Paris de mon engagement, car il m'a procuré une délicieuse lettre de mon juge. Tâchez d'entendre quelque autre chose, pour m'en écrire une seconde un peu plus longue, en me parlant de madame ***, *que j'aime de tout mon cœur; dites-le-lui bien*, et faites qu'elle me dise un petit : *je vous aime*, au bas de votre billet à mon adresse.

Charles lui baiserait volontiers ses belles mains si elle voulait le permettre....... Voulez-vous bien vous charger de cette commission de sa part, avec mille affectueux compliments pour vous ?

J'oserai bien vous dire, mon cher et gentil juge, que vous avez en moi une bien reconnaissante amie.

MARIA GARCIA.

Au même.

Milan, 22 février 1836.

Tribunal d'instance sans fin du département
de la scène lyrique.

Vous voyez qu'on ne peut pas s'effrayer à la
vue d'aucun papier noir qui ressemble à un papier de justice ; aussi, pour vous le prouver,
nous avons notre titre en tête. Chère justice,
je t'aime depuis qu'on t'a représentée par la voie
Père !..... Ne vous choquez pas de mon excla-
mation, car je la fais souvent avec accompagnement de violon. Nous sommes, à la vie, à la
mort, des enfants Ignon, vous êtes notre père,
vous êtes le père Ignon de notre cœur.

Nous avons lu avec un véritable plaisir la lettre de madame ***, toujours bonne, toujours aimable à mon égard, j'espère que nous ferons un plus long séjour à Paris, et que nous pourrons passer quelque temps ensemble.

Nous partirons pour Paris vers le 22 mars; au reste, je vous l'écrirai positivement avant de partir, car je serais désolée si je ne devais pas voir *l'enfonceur général* de tous mes chagrins passés. Ce bon *Troupelenace* est un bon, un tendre et dévoué ami que nous aimons plus qu'un frère, et pour lequel je voudrais être à même de faire quelque chose qui lui fît bien plaisir ou qui pût bien lui rendre service; ce serait un grain de sable en comparaison de la mer, mais c'est égal, la plus belle fille du monde...... etc., voilà.

L'histoire de votre charmante Anglaise de quinze ans et fort riche nous a beaucoup intéressés, pour ce qui la concerne, et beaucoup

amusés, pour ce qui regarde l'éternelle enle-
veuse (1).

Il y aurait peut-être moyen de finir cette affaire à l'amiable. Vous dites que le mariage s'est
fait par-devant le pape, cassé ensuite par l'é-
vêque de Rochester, et finalement reconnu
valable.

Vous dites que la mère est fort entêtée, mais
belle et veuve, n'est ce pas? eh bien, faites-la en-
lever à son tour par un épouseur, ou non, qui,
la rendant *mère*, lui ôtera la *peur* d'être
grand'mère, cause de tout ce tourbillon d'en-
lèvements ; car il est visible que la maman aurait
passé par-dessus les *inconvénients* du passé
même avec *preuves convulsives*, s'il n'y avait
eu mariage, ce qui détermine le titre de *grand'*
mère!.... Je suis donc d'avis que tout le monde
s'embrasse et que tout cela finisse, parce que

(1) Il s'agit ici d'un procès dont on avait écrit les détails à Maria, en lui demandant son avis.

un mariage par-devant le pape doit être valable, et puis surtout ayant été reconnu *tel* par le ban du roi d'Angleterre. — Décision définitive du tribunal d'instance sans fin du département de la *scène* comique.

J'entends aussi que vous me disiez comment finira l'affaire que *nous renons* de juger.

Il faut cependant que mon métier perce aussi à travers ce chaos d'affaires *politribuno-licaniques.*

Nous avons joué hier au soir la *Jeane Gray* de Vaccay. On prétend que c'est par respect pour moi que l'opéra a été toléré, que c'est ennuyeux à avaler sa langue, qu'on a tant bâillé qu'on n'a pas pu siffler malgré la bonne volonté qu'on en avait. J'ai fait tout mon possible, et pour ce qui est de mon petit moi, j'ai encore nagé dans cette mer bourbeuse et m'en suis retirée *assez propre.*

La fatigue que j'en éprouve aujourd'hui
m'ôte le courage d'écrire plus d'une lettre; je
joue ce soir le *méme* Jone Gray. Vous serez dou-
blement gentil de m'excuser auprès de cette
charmante madame *** si je ne lui écris pas;
dites-lui que je l'aime de tout mon cœur, et ne
désire que l'occasion de le lui prouver. A mon
bon frère *Troptenace* et à sa gentille Clotilde
mille tendresses. Nous attendons une bonne
lettre de vous tous.

J'espère que l'assurance de mon amitié vous
fera le plaisir que la vôtre a procuré à votre
bien attachée et reconnaissante

MARIETTE.

Au même.

12 mai 1836.

A votre tour maintenant : j'ai d'abord commencé par madame ***, ne vous en déplaise, je

finis par vous, car j'ai une répétition qui m'attend à dix heures. Je ne vous dirai pas comme j'emploie ma journée, madame *** en a la minute. Ce qu'il y a de certain, c'est que quoi que je puisse faire, cela ne m'empêche pas de penser à mes bons amis de Paris. Ceci est fort agréablement dit pour que vous le preniez pour vous. Le don Juan monstre (1) dont vous me parlez est une chose qui me paraît immense; s'il y a tout ce que vous me dites, je suis seulement étonnée que cela puisse finir à une heure du matin. C'est une pièce qui devrait durer huit jours, et qui devrait être menée comme un cours d'anatomie; car il me semble que l'auteur de la pièce s'est plu à squeletiser les passions humaines de la manière la moins avantageuse, à quelques choses près.

Je vous défends de mêler la *gnognotte* à mon amitié pour vous. Je ne connais pas cette dame-

(1) On avait expliqué à Maria le sujet de *Don Juan de Marana*.

24.

là, ni ne veux la connaître. Cette farce! je vous pulvériserai, si jamais vous me reparlez de cette mégère-là, entendez-vous, homme anthropophage et faucille, carnassier et panthecniconique, bucéphale et vermifuge, justifuge et toquifuge. Ainsi, telle que Sémiramide sur son trône, je *juro* que ce n'est pas de la gnognotte que mon amitié pour le père de tous les Ignons du monde, et de l'autre partie de l'univers, et de beaucoup d'autres faubourgs. Je trouve que je ne suis pas mal bête comme ça, pour quelqu'un qui est éreinté de fatigue, mais qui se porte bien malgré tout. Le plus z'haut de tous les Bériots a beaucoup admiré l'élévation subite à laquelle vous venez de le *promouvoir*, et regrette que vous n'ayez pas daigné ajouter quelque petit titre subalterne qu'il aurait mis en dessous pour ne pas tomber de trop *haut*, car la chute serait fatale s'il devait finir par *Bery*. Ay, ay ay? comme il est mauvais celui-là, n'en parlons plus...... Adieu en toute hâte, car la voiture m'attend pour aller à la répétition, et

vraiment je suis si bête que je ne pourrais con-
tinuer longtemps sans devenir par trop bête.

Je vous....., non, je n'ose pas, mais c'est
tout comme, car encore bien, si cependant par
hasard, nonobstant peut-être tout de même
néanmoins.

MARIA de BÉRIOT.

A monsieur le baron D.

Paris à vol d'oiseau (c'est en juillet.)

Il ne faut pas m'en vouloir, mon cher D....
si je ne vous ai pas plus tôt remercié du joli
portefeuille que vous m'avez envoyé. Je me
sens peinée de l'accident qui lui est arrivé,
la glace qui couvrait le charmant dessin a été

fracassée en route, et je n'ai trouvé personne à Bruxelles pour remettre cette malheureuse glace. . . . .

. . . — Vous savez ce que j'ai à vous *dire*, je vous l'ai assez dit pour que je n'aie plus besoin de vous le répéter.

Je ne vous verrai peut-être pas avant deux ans ! — Ainsi, je vous embrasse avec ou sans permission.

MARIA de BÉRIOT.

EXTRAIT DU

Galignani's Messenger.

4 février 1829.

L'extravagance singulière d'une jeune cantatrice de l'Opéra italien a servi ces jours derniers de sujet d'observation et de ridicule aux
cercles distingués de la capitale. Cette signora
a eu la semaine dernière une soirée à laquelle il
a été solennellement annoncé qu'il ne serait invité
que des personnes *présentées* à la cour!... En
faisant par dessus la pitoyable sottise d'une prétention semblable, la jeune signora est aussi
accusée d'une offense plus grave envers les convenances. On dit qu'au nombre des amusements

choisis pour ses hôtes distingués, parmi lesquels on comptait plusieurs Anglais, se trouvait un proverbe, dans lequel la nation anglaise était burlesquement tournée en dérision, dans un rôle joué d'une manière aussi vive que piquante par *l'aimable* maîtresse de la maison. Si cela est vrai, et notre autorité est trop sûre pour admettre un doute, nous devons, pour parler net, signaler cette conduite comme une basse impertinence venant d'une abjecte éducation, et surtout ne convenant pas à une personne qui, si nous avons bonne mémoire, est personnellement redevable à l'hospitalité de la nation qu'elle tourne en ridicule ; nation qui, malgré son prétendu peu de goût pour la musique (défaut qui a été particulièrement l'objet de la satire de la signora), est néanmoins la nation du monde qui protége avec le plus de munificence le talent musical.

Il est juste d'ajouter qu'il n'est pas ici question de mademoiselle Sontag, qui était engagée pour cette soirée chez S. A. R. le duc d'Orléans.

Réponse

[DE M. LE BARON DE TRÉMONT,

A l'éditeur du *Galignani's Messenger*.

Monsieur,

Votre estimable journal est une publication utile et grave qui ne vit point de scandale. Un esprit de justice et de convenance y préside : aussi ne douté-je pas qu'un article inséré dans son numéro du 4 de ce mois ne soit étranger à ses rédacteurs habituels. Il concerne une cantatrice célèbre que je ne connais point, quoique j'aime beaucoup son talent; mais j'aime encore mieux la vérité, et réparer une injustice quand je le puis, ce qui me fait vous affirmer *positi-*

rement que les cercles les plus distingués de cette capitale n'ont attaché aucune idée sérieuse à la scène ajoutée au proverbe joué récemment chez cette dame. Les personnes qui composent ces cercles savent que, si les artistes sont passibles de la censure ou plutôt de la critique du public *payant* lorsqu'ils paraissent devant lui, cette critique n'a pas droit de les poursuivre dans leurs demeures ni dans leurs relations privées. Celles qui étaient invitées chez la signora (non parce qu'elles étaient *présentées* mais *présentables*), ont vu que la scène en question se bornait à l'imitation de l'*accent anglais* appliquée à la langue française imparfaitement parlée, chose fort innocente, assurément, et dont les Anglais de distinction présents ne se sont pas plus formalisés que je ne le ferais si je vous voyais sourire des *gallicismes* de ma lettre.

Traduire cette inoffensive plaisanterie en amère satire, exposer ainsi à la défaveur et à l'animadversion de la nation anglaise une per-

sonne dont la conduite est au niveau du talent,
et qui a déjà été à même d'apprécier la noble
protection que les Anglais accordent aux artistes, est, j'en suis sûr, tellement loin de vos intentions, que je ne doute pas que vous ne vous
empressiez de publier cette lettre, comme la ré-
paration d'une offense tout involontaire de votre
part.

J'ai l'honneur, etc.

Un de vos plus anciens abonnés.

Paris, le 8 février 1829.

FIN.

TABLE DES MATIÈRES.

—

TOME PREMIER.

TOME SECOND.

FIN DE LA TABLE DES TOMES
PREMIER ET SECOND.